Impressum
Verlag: BABADADA GmbH, Nedderfeld 112 , 22529 Hamburg
Geschäftsführer / Verlagsleitung: Harald Hof
Druck: Books on Demand GmbH, In de Tarpen 42, 22848 Norderstedt

Imprint
Publisher: BABADADA GmbH, Nedderfeld 112 , 22529 Hamburg, Germany
Managing Director / Publishing direction: Harald Hof
Print: Books on Demand GmbH, In de Tarpen 42, 22848 Norderstedt, Germany

ቤት-ትምህርቲ

мактаб

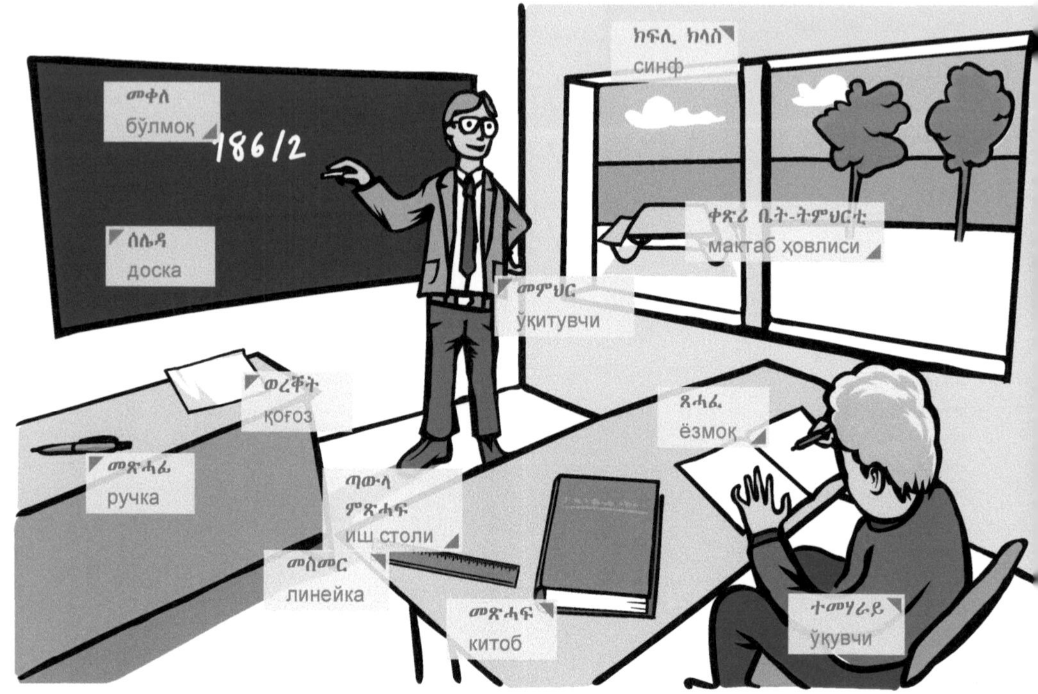

ክፍሊ ክላስ
синф
መቀለ
бўлмоқ
186/2
ሰሌዳ
доска
ቀጽሪ ቤት-ትምህርቲ
мактаб ҳовлиси
መምህር
ўқитувчи
ወረቐት
қоғоз
ጸሓፊ
ёзмоқ
መጽሓፊ
ручка
ጣውላ
ምጽሓፍ
иш столи
መስመር
линейка
መጽሓፍ
китоб
ተመሃራይ
ўқувчи

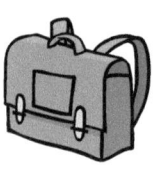

ሳንጣ ትምህርቲ

осма сумка

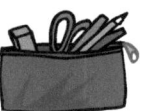

ሰፊር ብርዒ

қаламдон

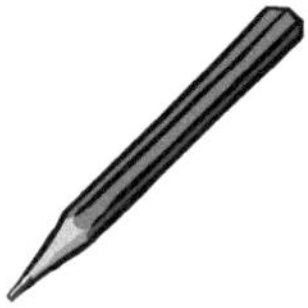

ርሳስ

қалам

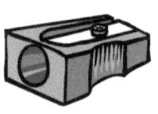

መብልሒ ርሳስ

қалам учлагич

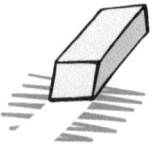

መደምሰሲ

ўчиргич

ጥራዝ ስእሊ

расм албоми

ስእሊ

чизмачилик

ብርዒ ቀለም

бўёқ чўтка

ቦክስ ቀለም

бўёқдон

መቐስ

қайчи

መጣበቒ

елим

ጥራዝ መለመዲ

машғулот дафтари

ዕዮ ገዛ

уй иши

12

ቑጽሪ

рақам

2+2

ወሰኸ

қўшмоқ

5–2

ጎደለ

айирмоқ

2×2

ረብሐ

кўпайтирмоқ

ደመረ

ҳисобламоқ

A

ፊደል

хат

ABCDEFG HIJKLMN OPQRSTU VWXYZ

ስርዓት ፊደላት

алифбо

hello

ቃል

сўз

ጽሑፍ

матн

አንበበ

ўқимоқ

ኩርሻ

бўр

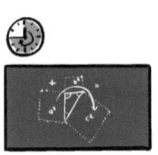

ሰዓት

дарс

መዝገብ ክላስ

журнал

መርመራ

имтиҳон

ሰርቲፊከት

гувоҳнома

ድቢዛ ቤትትምህርቲ

мактаб формаси

ትምህርቲ

таълим

ለክሲኮን

қомус

ዩኒቨርሲቲ

олийгоҳ

ሚክሮስኮፕ

микроскоп

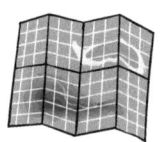

ካርታ

харита

ጎሓፍ ወረቓት

урна

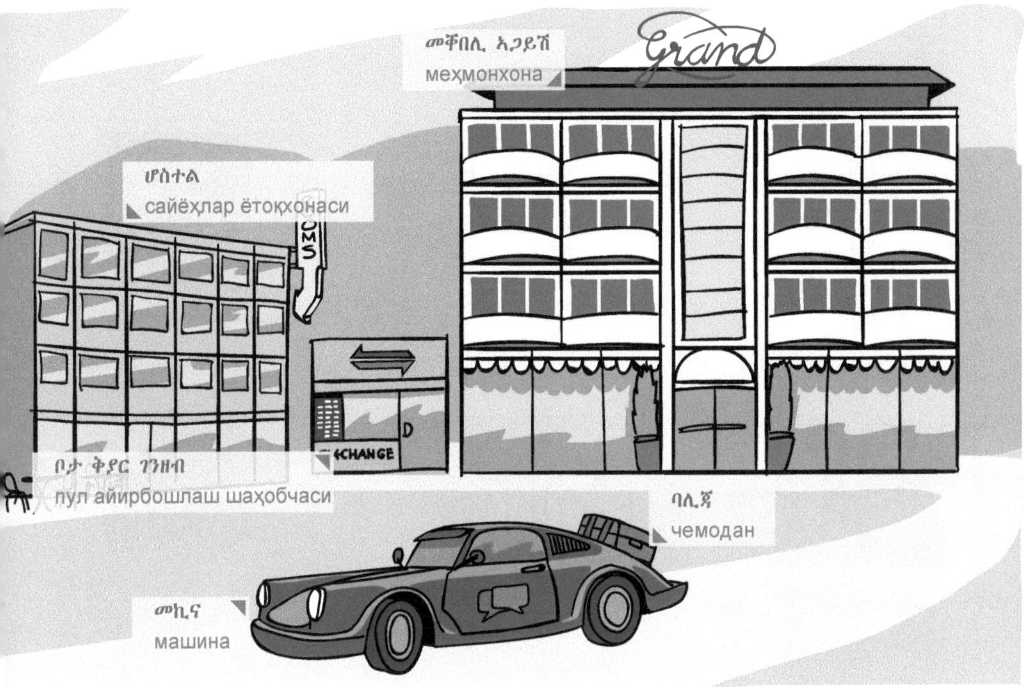

Grand
መቐበሊ ኣጋይሽ
меҳмонхона
ሆስተል
сайёҳлар ётоқхонаси
€CHANGE
ቦታ ቅያር ገንዘብ
пул айирбошлаш шаҳобчаси
ባሊጃ
чемодан
መኪና
машина

ቋንቋ

тил

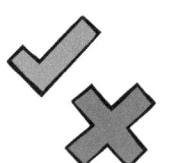

እወ / ኖ

ҳа / йўқ

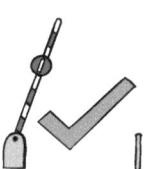

ሕራይ

Хўп

ሰላም

салом

ኣስተርጓሚ

таржимон

የቐንየለይ

Раҳмат

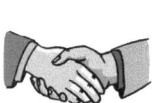

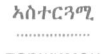

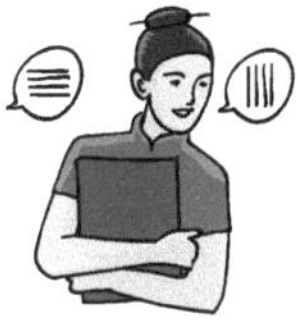

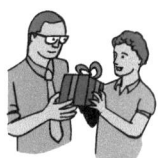

. . . ከንደይ ዋግኡ?

неча пул...?

አይተረድአኹን

Тушунмадим

ሽግር

муаммо

ሰላም ምሽት!

Хайрли кеч!

ከመይ ሓዲርካ

Хайрли тонг!

ሰላም ለይቲ

Хайрли тун!

ደሓን ኩን

кӯ̆ришгунча

አንፈት

йӯналиш

ጓዓዝ

йӯловчи юки

ሳንጣ

сафархалта

ሳንጣ ሕጆ

юк халта

ጋሻ

меҳмон

ክፍሊ.

хона

ክሻ መደቆሲ.

уйқуқоп

ቴንዳ

чодир

ሓበሬታ በጻሕቲ ሃገር

саёхларга маълумот бериш столи

ገምገም ባሕሪ

пляж

ክረዲት ካርድ

омонат карта

ቁርሲ

нонушта

ምሳሕ

нонушта

ድራር

кечки овқат

ቲከት

чипта

ሊፍት

лифт

ማሕተም ደብዳበ

марка

ዶብ

чегара

ድንና

божхона

ኣምበሲ

элчихона

ቪዛ

виза

ፓስፖርት

паспорт

መጓዓዝያ

транспорт

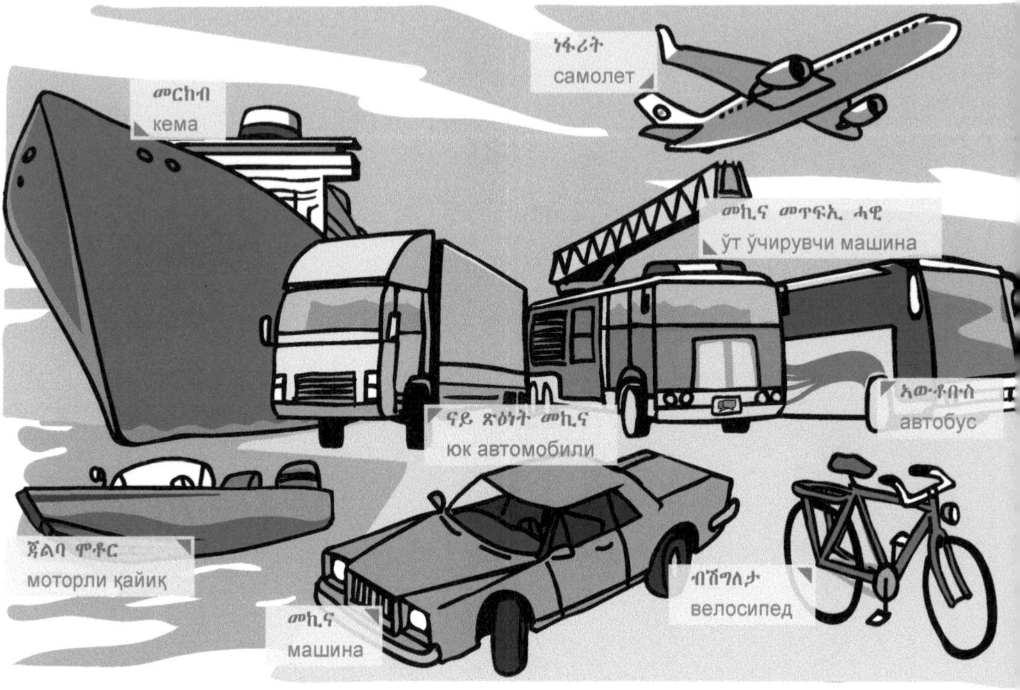
ነፋሪት
самолет
መርከብ
кема
መኪና መጥፍኢ ሓዊ
ўт ўчирувчи машина
ናይ ጽዕነት መኪና
юк автомобили
ኣውቶቡስ
автобус
ጀልባ ሞቶር
моторли қайиқ
መኪና
машина
ብሽግለታ
велосипед

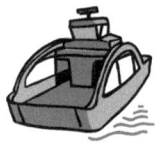

ፈሪ

солсимон ясси кема

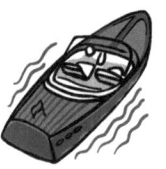

ጀልባ

қайиқ

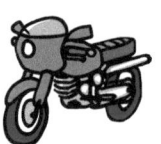

ሞቶ

мотоцикл

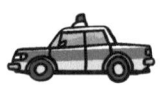

መኪና ፖሊስ

посбон машинаси

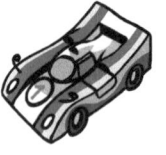

መኪና ቅድድም

пойга машинаси

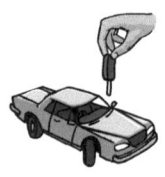

ክራይ መኪና

ижарага олинган автоулов

ምውፋይ መካይን

автоижара

መወስዲ መኪና

шатакка олувчи юк автомобили

መኪና ጎሓፍ

ахлат машинаси

ሞቶር

мотор

ነዳዲ

ёқилғи

እንዳ ነዳዲ

ёқилғи қуйиш шаҳобчаси

ምልክት ትራፊክ

йўл белгиси

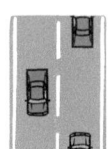

ትራፊክ

йўл ҳаракати

ምጭቅጫቅ ትራፊክ

тирбанд

መዕሸጊ መኪና

автомобил тўхтаб туриш жойи

መዕረፊ ባቡር

поезд бекати

ሓዲግ

рельс

ባቡር

поезд

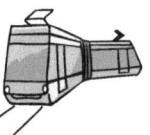

ትረም

трамвай

ባጎኒ

вагон

ሄሊኮፕተር

вертолёт

መዓረፈ ነፈርቲ

аэропорт

ታወር

минора

ተጓዓዚ

йўловчи

ኮንተይነር

контейнер

ሳንዱቕ ካርቶን

қоғоз қути

ኮርሳ ጽዕነት

аравача

ዘንቢል

сават

ተበገሰ / ዓለበ

учмоқ / қўнмоқ

ከተማ

шаҳар

ቀኈሸት

қишлоқ

ማእከል ከተማ

шаҳар маркази

ገዛ

уй

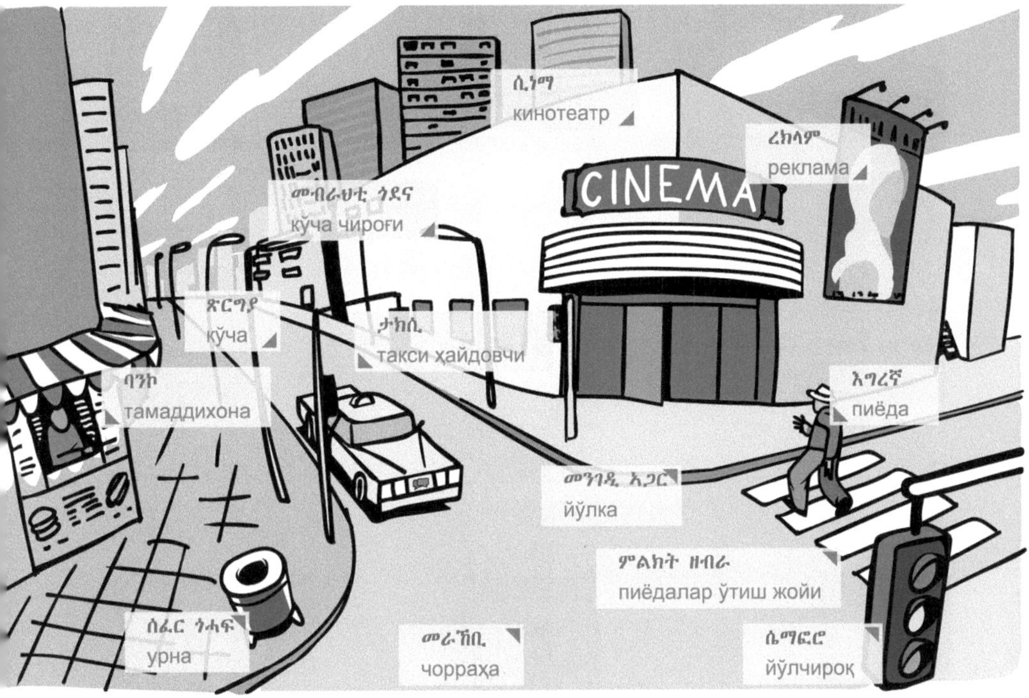

ሲነማ
кинотеатр
CINEMA
ረክላም
реклама
መብራህቲ ጎደና
кўча чироғи
ጽርግያ
кўча
ታክሲ
такси ҳайдовчи
ባንኮ
тамаддихона
እግረኛ
пиёда
መንገዲ እጋር
йўлка
ምልክት ዘብራ
пиёдалар ўтиш жойи
ሰፈር ጎሓፍ
урна
መራኸቢ
чорраҳа
ሴማፎሮ
йўлчироқ

ኣጕዶ

кулба

ኣፓርትመንት

квартира

መዕረፊ ባቡር

поезд бекати

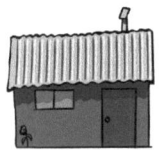

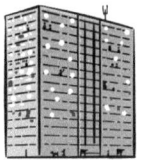

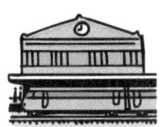

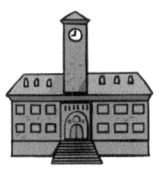

ቤት ምምሕዳር

маҳаллий ҳокимият биноси

MUSEUM

ቤተ መዘክር

музей

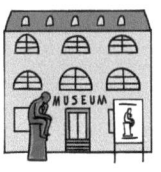

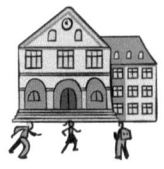

ቤት-ትምህርቲ

мактаб

ዩኒቨርሲቲ

олийгоҳ

ባንክ

банк

ሆስፒታል

шифохона

መቔበሊ ኣጋይሽ

меҳмонхона

ቤት መድሃኒት

дорихона

ቤት ጽሕፈት

идора

ዱኳን መጽሓፍቲ

китоб дӯкони

ዱኳን

дӯкон

ዱኳን ዕንባባ

гул дӯкони

ሱፐርማርኬት

супермаркет

ዕዳጋ

бозор

ሾቕ

универмаг

ነጋዴ ዓሳ

балиқ дӯкони

ሾቕ

савдо маркази

መርሳ

бандаргоҳ

መዘናግዒ
истироҳат боғи

ባንኪ
банк

ድልድል
кӯприк

መደያይቦ
зинапоя

ባቡር ትሕቲ ምድሪ
метро

ቢንቶ
ер ости йӯли

መዕረፊ ኣውቶቡስ
автобус бекати

ቤት መስተ
бар

ቤት-መግቢ
ресторан

ሰታሪት
почта қутиси

ታቤላ
кӯча ёзув осма тахтаси

ሰዓት ፓርኪንግ
тӯхтаб туриш вақтини
ҳисоблагич

መካነ እንስሳታት
ҳайвонот боғи

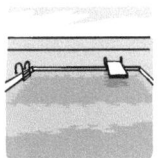

መሕምበሲ
бассейн

መስጊድ
масжид

ቤት ሕርሻ

чорвачилик хўжалиги

ብከላ

атроф-муҳит
ифлосланиши

መቻበር

қабристон

ቤተክርስትያን

ибодатхона

ቦታ ምጽዋት

болалар ўйингоҳи

ቤት መቅደስ

эхром

ስእሊ መሬት

манзара

አቆጽልቺ
япроқ

መሕበሪ መገዲ
йўлкўрсатгич

መገዲ
йўл

ሾኻ
ўтлоқ

እምኒ
тош

ኮብላሊ
пиёда сайёх

አግራብ
дарахт

ፈለግ
дарё

ሳዓሪ
майса

ዕንባባ
гул

ስንጭሮ
....
водий

ጎቦ
....
қир

ቀላይ
....
кўл

ዱር
....
ўрмон

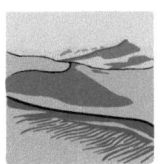

ምድረ በዳ
....
чўл

እሳተ-ጎመራ
....
вулкан

ግምቢ
....
қалъа

ቀስተ-ደመና
....
камалак

ቃንጥሻ
....
кўзиқорин

ዖርኮብኮባይ
....
пальма дарахти

ጣንጡ
....
пашша

ሃመማ
....
чивин

ጻጻ
....
чумоли

ንህቢ
....
асалари

ሳሬት
....
ўргимчак

ሕንዚዝ
 qỹнғиз

ዕንቅርያብ
қурбақа

ምጽጹላይ
олмахон

ቅንፍዝ
типратикон

ማንቲለ
қуён

ጉንጓ
укки

ጭሩ
қуш

ስዋን
оққуш

መፍለስ
эркак чўчқа

ዓጋዘን
буғу

ሙስ
бутоқ шохли кийик

ግድብ
тўғон

ተርባይን ንፋስ
шамол генератори

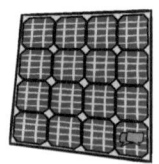

ሶላር ስርሓት
қуёш батареяси

ኩነታት ኣየር
иқлим

አሰላራ
официант

ካርታ
መግብታት
таомнома

መንበር
стул

ፒትሳ
пицца

መረቅ
шўрва

ክዳን ጣውላ
дастурхон

መመታተሪ
ошхона анжомлари

ቅድመ ቀንዲ መግቢ
газак

ቀንዲ መአዲ
асосий таом

ድሕረ መግቢ
десерт

መስተ
ичимликлар

መግቢ
таом

ጥርሙዝ
бутилка

ስሉጥ መግቢ.

тез пишар таом

መግቢ ጽርግያ

кӯча таоми

ብርጭቆ ሻሂ

чойнак

ታኒካ ሹኮር

шакардон

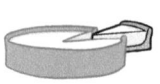

ክፋል

порция

ማሺን ኤስፕሬሶ

эспрессо кофе машинаси

ነዊሕ መንበር

болалар курсичаси

ጸብጻብ

ҳисоб

ታብለት

лаган

ካራ

пичоқ

ፋርከታ

санчқи

ማንካ

қошиқ

ማንካ ሻሂ

чой қошиқ

ሰርቪየተ

кӯл сочиқ

ብኬሪ

стакан

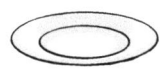

ሸሓኒ

ликоп

ሸሓኒ መረቅ

шӱрва коса

ትሕቲ ኩባያ

тақсимча

ጸብሒ

қайла

ወሃቢ ጨው

туздон

መጥሓን በርበረ

қалампир янчгич

ኣቾቶ

сирка

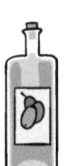

ዘይቲ

ёғ

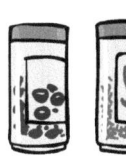

ቀመም

зираворлар

ከቻፕ

кетчуп

ኣድሪ

хантал

ማዮኔዝ

майонез

ሱፐርማርከት

супермаркет

ወፌያ
чегирма
FOR
ዓሚል
мижоз
ፍርያታት ጸባ
сут маҳсулотлари
ፍረታት
мева
ሰረገላ ዱኳን
харид араваси
BUTCHERS
BAKERY

BUTCHERS

እንዳ ስጋ

қассобхона

BAKERY

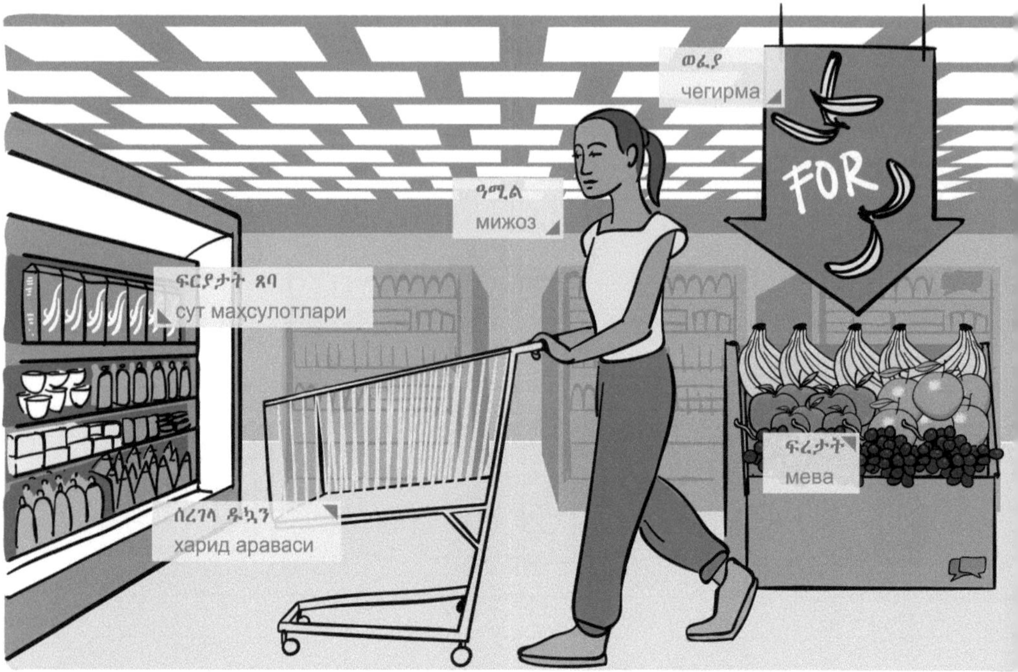

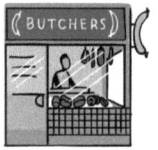

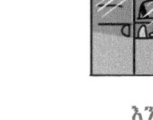

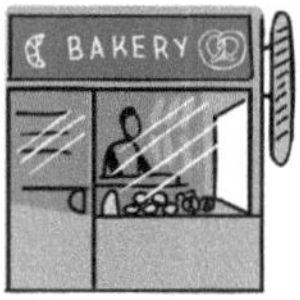

እንዳ ባኒ

нонвойхона

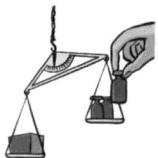

ክብደት

тарозида ўлчамоқ

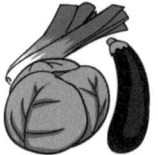

ኣሕምልቲ

сабзавот

ስጋ

гўшт

መግቢ ፍሪጅ በረድ

музлатилган таомлар

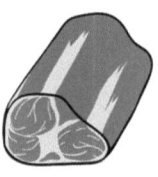

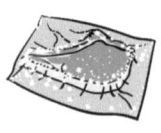

ዝሑል ቅሩብ መግቢ.

яхна гӯшт

እስታጣላ

консерва

ኦሞ

кир ювиш воситаси

ምቁር መግቢ.

ширинликлар

ዘቤታውያን አቕሑ

кундалик истеъмол моллар

ናውቲ መጸረዪ.

ювиш воситалари

ሸቃጣይ

сотувчи

ካሳ

касса аппарати

ተሓዛ ገንዘብ

ғазначи

ዝርዝር ምግዛእ

харид рӯйхати

ክፉት ሰዓታት

иш вақти

ማሕፉዳ

ҳамён

ክረዲት ካርድ

омонат карта

ሳንጣ

халта

ፌስታል

целлофан халта

ማይ

сув

ጁማፊኑ

шарбат

ጸባ

сут

ኮላ

кока-кола

ነቢት

вино

ቢራ

пиво

ኣልኮል

спиртли ичимлик

ካካው

какао

ሻሂ

чой

ቡን

кофе

ኤስፕረሶ

эспрессо

ካፑቺኖ

капучино

ባናና

банан

ቱፋሕ

олмахон

ኣራንሺ.

апельсин

ብርጭቆ

қовун

ለሚን

лимон

ካሮት

сабзи

ጸዕዳ ሽጉርቲ

саримсоқ

ባምቡስ

бамбук

ሽጉርቲ

пиёз

ቅንጥሻ

қўзиқорин

ፉል

ёнғоқ

ፓስታ

лағмон

ስፓጌቲ

спагетти

ሩዝ

гуруч

ሰላጣ

салат

ቅልዋ ድንሽ

картошка-фри

ቅሉው ድንሽ

қовурилган картошка

ፒትሳ

пицца

ሃምቡርገር

гамбургер

ፓኒኖ

сэндвич

ቢስተክ

тўқмоқланган тўш қиймаси

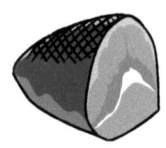

ሰለፍ ሓሰማ

дудланган чўчқа гўшти

ሳላሚ

салями колбасаси

ግዕዝም

сосиска

ደርሆ

товуқ гўшти

ቀለወ

қовурилган

ዓሳ

балиқ

ገፃት

сули бӯтқаси

ሙስሊ

мюсли

ኮርንፍለይክስ

маккажӯхори ёрмаси

ሓርጭ

ун

ክሮሶን

француз булочкаси

ባኒ

булочка

ባኒ

нон

ቶስት

қизартирилган нон бӯлаги

ብሽኩቲ

пиширик

ጠስሚ

сариёғ

ርጎ

творог

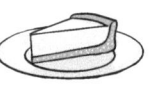

ፓስተ

пирог

እንቋቍሖ

тухум

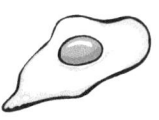

ቅሉው እንቋቍሖ

қовурилган тухум

ፋርማጆ

пишлоқ

አይስ ክሪም
....
музқаймоқ

ሽኮር
....
шакар

መዓር
....
асал

ጆም
....
мураббо

ኑጋት-ክሬም
....
шоколад пастаси

ኩሪ
....
зарчава

ቤት ሕርሻ

чорвачилик хўжалиги

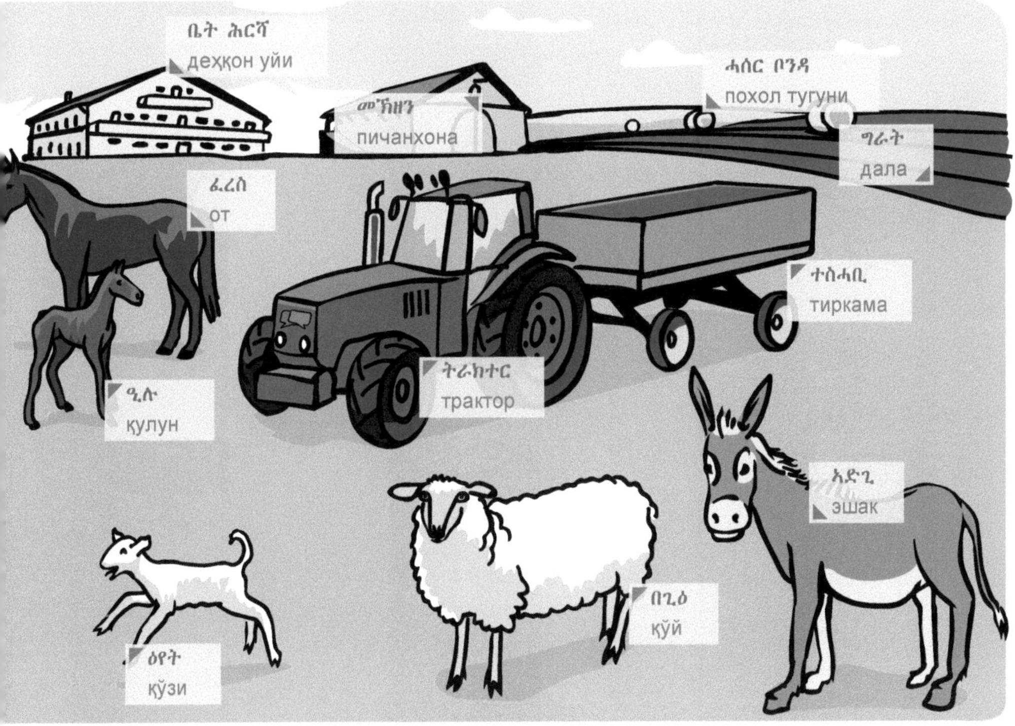
ቤት ሕርሻ
деҳқон уйи
ሓሰር ቦንዳ
похол тугуни
መኽዘን
пичанхона
ግራት
дала
ፈረስ
от
ተስሓቢ
тиркама
ዒሉ
қулун
ትራክተር
трактор
ኣድጊ
эшак
በጊዕ
қўй
ዕየት
қўзи

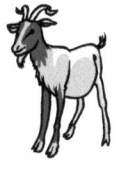

ጤል

эчки

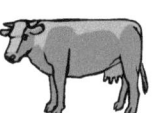

ብዕራይ

сигир

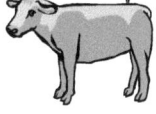

ምራኽ

бузоқ

ሓሰማ

чўчқа

ውላድ ሓሰማ

чўчқа боласи

ኣርሓ

буқа

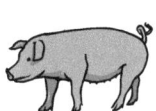

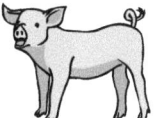

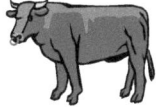

ዳክ

ғоз

ማይ ደርሆ

ўрдак

ጫቚት

жўжа

ደርሆ

товуқ

ኣርሓ ደርሆ

хўроз

ኣንጪዋ ዓባይ

каламуш

ድሙ

мушук

ኣንጭዋ

сичқон

ብዕራይ

хўкиз

ከልቢ

ит

ኣጉዶ ከልቢ

каталак

ቱባ ጀርዲን

ҳовли боғ шланги

መዝፈፊ ማይ

гулчелак

ዓቢ ማዕጺድ

белўроқ

ማሕረሻ

темир омоч

ማዕጺድ
ķŭlŭroķ

ጭጒጚር
чопķи

መስአ
паншаха

ፋስ
болта

ዓረብያ ኢድ
ғалтакарава

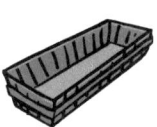

ጋብላ
охур

ብርጭቆ ጸባ
сут бидони

ክሻ
тŭрва

ሓጹር
панжара

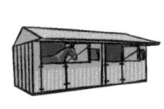

መንስስ
оғилхона

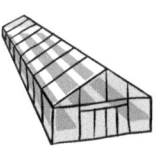

ቆጠልያ ገዛ
иссиķхона

ባይታ
тупроķ

ዘርኢ
уруғ

ድኹዒ
ŭғит

ዘጣምር ቀውዓይ
комбайн

ቤት ሕርሻ - чорвачилик хŭжалиги   29

ቀውዐ

ҳосил олмоқ

ጻማ

йиғим-терим

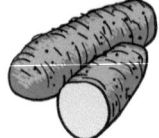

ድንሽ ያም

ямс

ስርናይ

буғдой

ሶያ

соя

ድንሽ

картошка

ዕፉን

маккажўхори

ራፕስ

рапс уруғи

ገረብ ፍረታት

мевали дарахт

ማኒአክ

маниок

ኣእኻል

ёрма

መውጽእ ትኪ
мўри

ናሕሲ
том

መውሓዝ ዝናብ
тарнов

መስኮት
дераза

ጋራጅ
гараж

ጽር መበሊት
эшик кўнғироғи

ማዕጾ
эшик

ጐፍ መገለል
урна

ቦክስ ደብዳቤ
хатлар учун қути

ጀርዲን
боғ

ክፍሊ ምቕማጥ

меҳмонхона

ክፍሊ ባንዮ

ваннахона

ክሽነ

ошхона

ክፍሊ መደቀሲ

ётоқхона

ክፍሊ ቆልዑ

болалар хонаси

መመገቢ ክፍሊ

ошхона

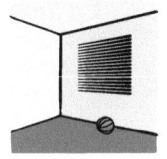

ባይታ
....
пол

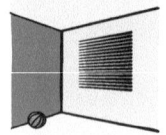

መንደቅ
....
девор

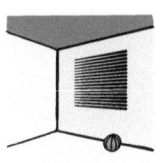

ከቦርታ
....
шип

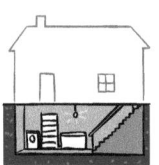

ካንቲና
....
подвал

ሳውና
....
сауна

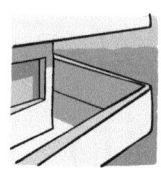

ባልኮን
....
болохона айвони

ዛላ
....
айвон

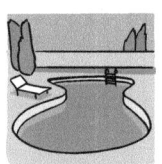

መሕምበሲ
....
бассейн

መቚረጺ ሳዕሪ
....
ÿт ÿргич машина

ኣንሶላ ዓራት
....
кÿрпажилд

ከቦርታ ዓራት
....
чойшаб

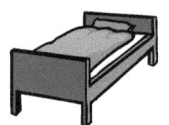

ዓራት
....
кроват

መኰስተር
....
супурги

መገለል
....
пақир

መወልዒት
....
мурват

ክፍሊ ምቕማጥ

меҳмонхона

ወረቐት መንደቕ
гулқоғоз
ስእሊ
сурат
ላምፓ
чироқ
ክብሒ
токча
ክብሒ
жавон
ተለቪዥን
телевизор
መውጽኢ ትኪ ኣብ ገዛ
ўчоқ
ዕንባባ
гул
መተርኣስ
ёстиқ
ሳሎን
диван
ባዞ
гулдон
ሪሞት
масофадан бошқариш пульти

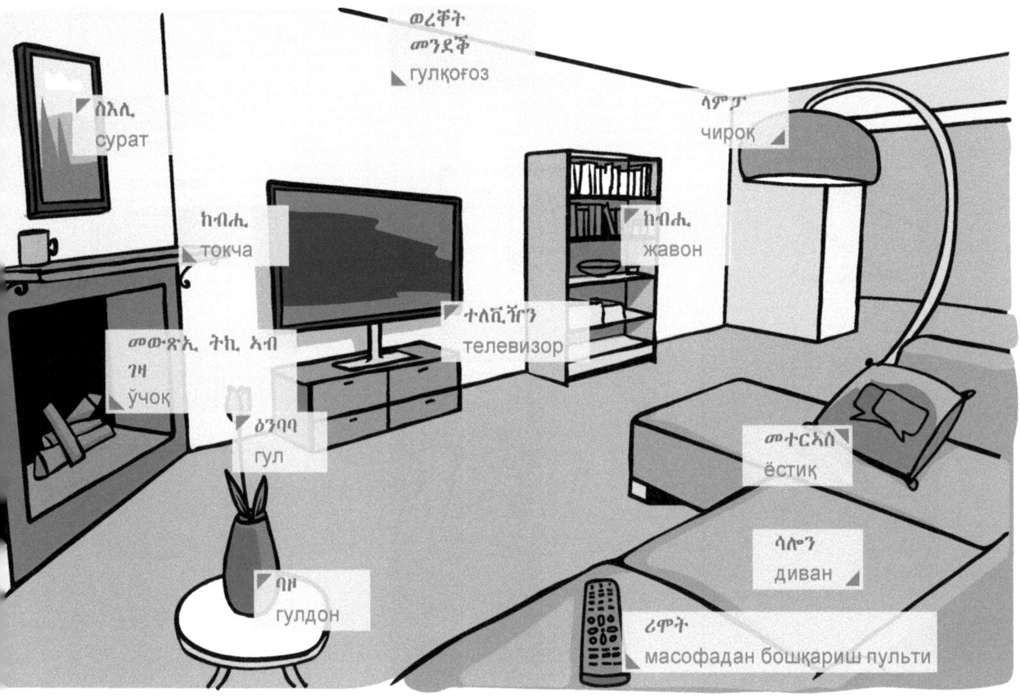

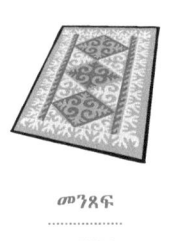

መንጸፍ
гилам

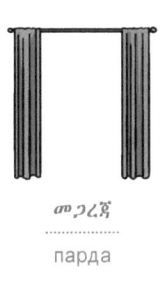

መጋረጃ
парда

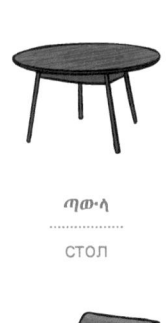

ጣውላ
стол

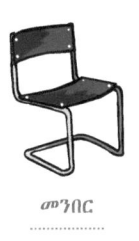

መንበር
стул

ሰለል ዝብል መንበር
тебранма курси

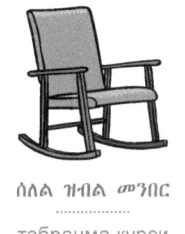

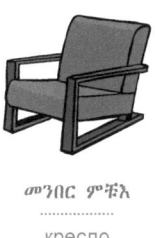

መንበር ምቹእ
кресло

መጽሓፍ
китоб

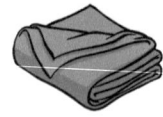

ከበርታ
кўрпа

ስልማት
ҳашам

እንጨይቲ ሓዊ
ўтин

ፊልም
кино

ስተረዮ
стерео қурилма

መፍትሕ
калит

ጋዜጣ
рўзнома

ቅብአ
расм

ፖስተር
плакат

ረድዮ
радио

ጥራዝ
ён дафтар

መልገሲ ደሮና
чанг ютгич

በለስ
кактус

ሽምዓ
шам

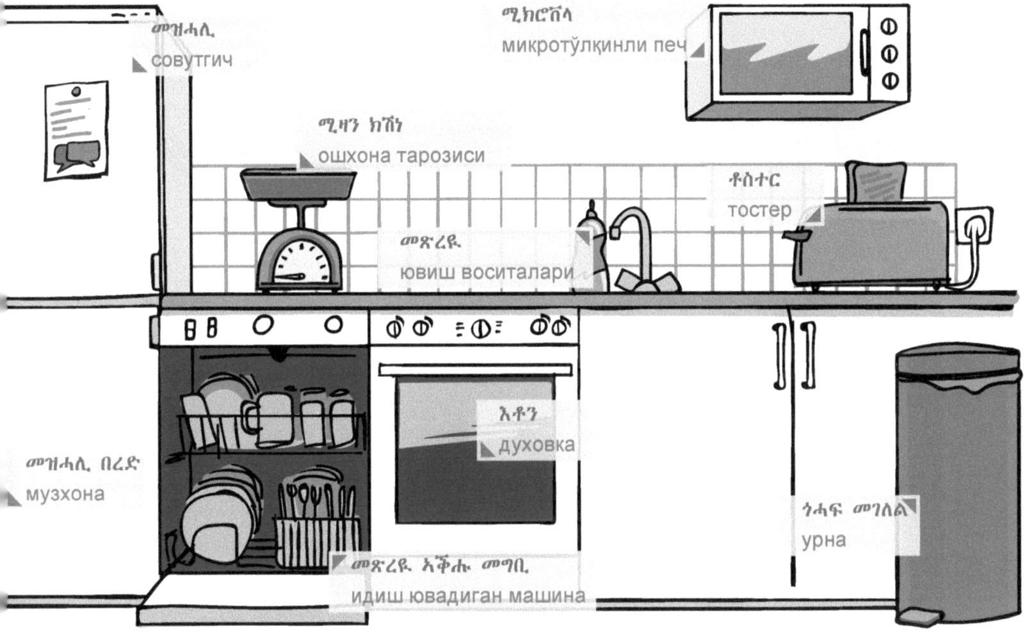

ሚክሮቨሳ
микротўлқинли печ

መዝሓሊ
совутгич

ሚዛን ክሽነ
ошхона тарозиси

ቶስተር
тостер

መጽረዪ
ювиш воситалари

እቶን
духовка

መዝሓሊ በረድ
музхона

ጐሓፍ መገለል
урна

መጽረዪ እቅሑ መግቢ
идиш ювадиган машина

መኽሺኒ
....
плита

ድስቲ
....
кастрюль

ድስቲ ሓጺን
....
чўян қозон

ሾክ/ካዳይ
....
бўртма тубли това

ባደላ
....
това

መውዓዪ ማይ
....
човгун

መፍልሒ

мантиқасқон

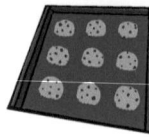

ንቴራ ምስንካት

тунука това

ኣቑሑ መግቢ

идиш

ብርጭቆ

кружка

ጭሓሎ

коса

ማንካቺና

таом ейиш таёқчалари

ማንካ መረቕ

чўмич

መገልበጢ ባደላ

куракча

መኸስተር ውርጪ

кўпиртиргич

መንፊት መግቢ

элак

መንፊት

элак

መፋሕፋሒ

қирғич

ሞርታር

ҳовонча

ባርቢክዩ

гриль

ስፍራ ሓዊ

олов

እንጨይቲ ምምታር

oштахта

እንጨይቲ ኩረር

жува

መኽፈት ቡሽ

пармасимон тиқин очгич

ታኒካ

консерва

መኽፈቲ ታኒካ

консерва очгич

ጨርቂ ድስቲ

тутгич

ቡምባ

унитаз

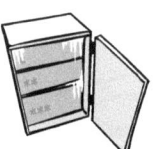

አስባስላ

идиш чўтка

ሰፍነግ

қозонсочиқ

ሓዋሲ አደባላጇ

қориштиргич

መዝሓሊ በረድ

музлатгич

ጥራሙዝ ማማይ

сўрғичли чақалоқ бутилкаси

ቡምባ ማይ

кран

ваннахона

መውዓዪ
иситиш тизими

መሕጸቢ ሻወር
душ

ሽጓማኖ
сочиқ

ሻወር መጋረጃ
дарпарда

መሕጸቢ ዓፍራ
кўпикли ванна

ባንዮ መሕጸቢ
ванна

ብኬሪ
стакан

ሓጻቢት
кир ювиш машинаси

ማቶነላ
кафель

ቡምባ ማይ
кран

ድስቲ
тувак

ቡምባ
унитаз

ሽቓቕ
хожатхона

ሽቓቕ ኮፍ
пол̇га ўрнатиладиган унитаз

በዱ
таҳоратдон

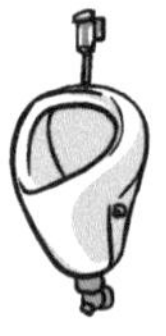

ሽቓቕ ተባዕታይ
сийдик унитази

ወረቐት ሽቓቕ
хожатхона қоғози

አስባስላ ሽቓቕ
хожатхона чўткаси

አስባስላ ስኒ

тиш чӱтка

ክሬማ ስኒ

тиш пастаси

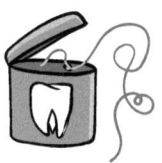

ሃሪ ስኒ

тиш тозалагич ип

ሓጸበ

ювмоқ

ዱሽ ኢድ

дастакли душ

ዱሽ

таҳорат учун душ

ብርጭቆ ምሕጸብ

тоғора

አስባስላ ሕጅ

елка қашлайдиган чӱтка

ሳምና

совун

ሻወር ጀል

душ учун гель

ሻምፑ

шампунь

ጨርቂ መሕጸቢ

мочалка

መውሓዚ

қувур

ክሬማ

крем

ደዖ ጨና

дезодарант

መስትያት
....
кӯзгу

ናይ ኢድ መስትያት
....
кӯл кӯзгуси

መላጸ
....
устара

ዓፍራ ምልጸይ
....
устара учун кӯпик

ጨና ድሕሪ ምልጸይ
....
салқинлантирувчи
бальзам

መመሸጥ
....
тароқ

አስባስላ
....
чӯтка

መንቆጺ ጸግሪ
....
фен

ስፕረይ ጸግሪ
....
соч учун лак

መመላኽዒ
....
пардоз-андоз

ብርዒ ቀለም ከንፈር
....
лаб учун помада

አዝማልቶ
....
тирноқ лаки

ጸምሪ ጡጥ
....
пахта

መስደዲ ጽፍሪ
....
тирноқ қайчиси

ጨና
....
духи

ሳንጣ መሕጸቢ.
....
пардоз-андоз халтаси

ደኒ
....
курси

ሚዛን
....
тарози

ክዳን መሕጸቢ.
....
чӱмилиш халати

ጓንቲ መጸረዩ.
....
резина қӯлқоп

ታምፖን
....
тампон

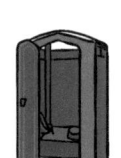

ጨርቂ ሰበይቲ
....
гигиеник таглик

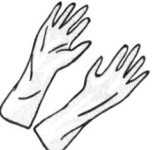

ሽቓቕ ከሚስትሪ
....
биохожатхона

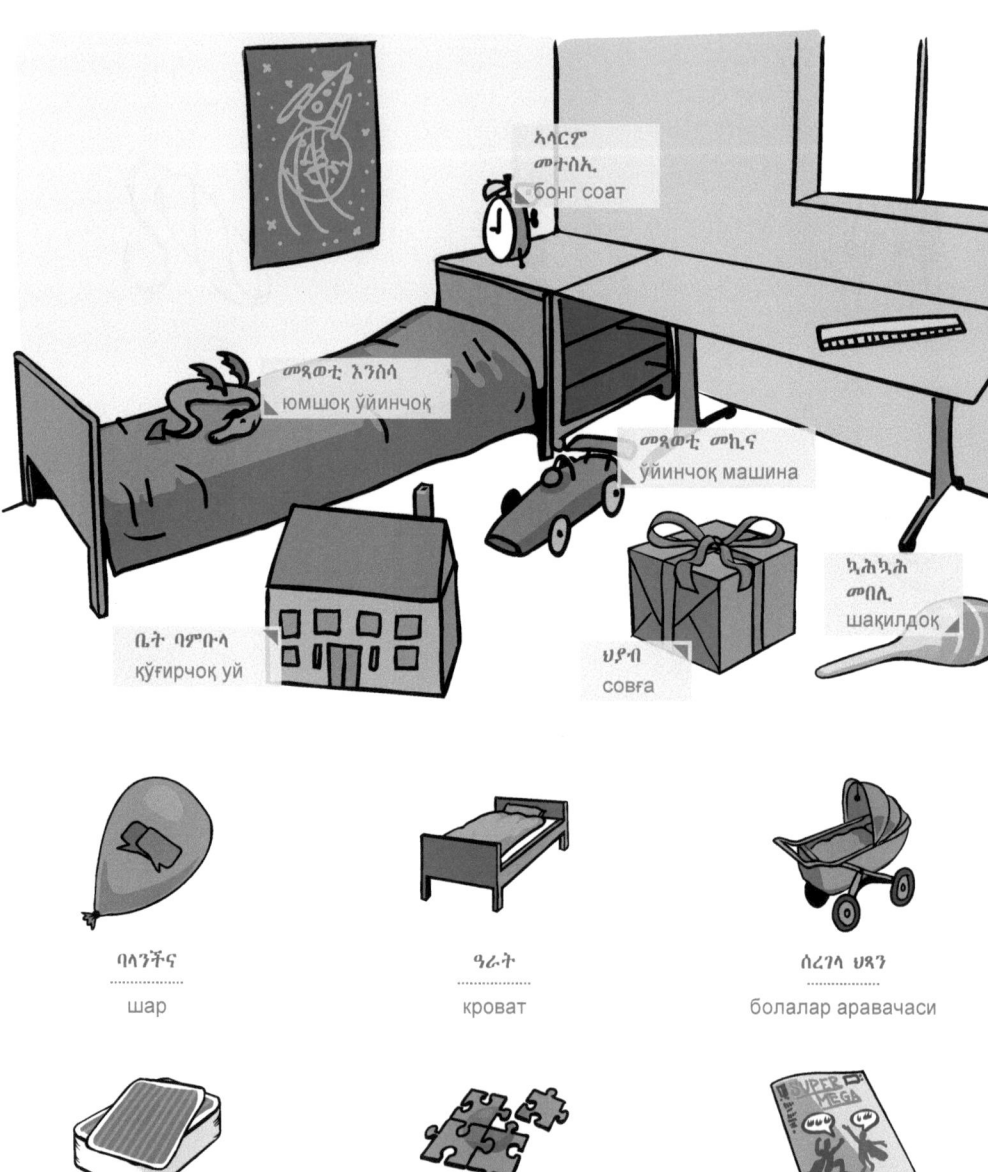

አላርም መተስኢ
бонг соат

መጻወቲ እንስሳ
юмшоқ ўйинчоқ

መጻወቲ መኪና
ўйинчоқ машина

ቤት ባምቡላ
кўғирчоқ уй

ህያብ
совға

ኳሕኳሕ መበሊ
шақилдоқ

ባላንቺና
шар

ዓራት
кроват

ሰረገላ ህጻን
болалар аравачаси

ጸወታ ካርታ
карта тўплами

ሕንቅልቲ ተይ
терма тасвир

ኮሜዲ
кулгили саҳна асари

እምነታት መጸወቲ ለጎ

лего ғиштлари

መጸወቲ እምነታት

ÿйинчоқ кубиклар

በዓል አክቺን

ÿйинчоқ қаҳрамон

ክዳን ማማይ

ползунка

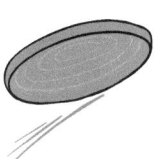

ፍሪስቢ

учар ликопча

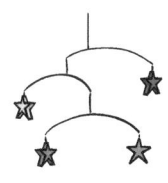

ሞባይል ማማይ

осма шақилдоқ

ጸወታ ሰሌዳ

стол ÿйини

ኩቦ

ошиқ

ሞደል ባቡር ምድሪ

поезд макети

ዓባስ

сÿрғич

ፓርቲ

ÿтириш

መጽሓፍ ስእሊ

расмли китоб

ኩዕሶ

коптоқ

ባምቡላ

қÿғирчоқ

ተጸወተ

ÿйнамоқ

መጻወቲ ሓጻ
қумдон

ሰላል
арғимчоқ

መጻወቲታት
ўйинчоқлар

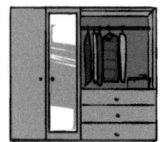

ኮንሶል ቪድዮ
ўйин приставкаси

መጻወቲ ሰለስተ መንኮርኮር
уч ғилдиракли велосипед

ተዲ
бахмал айиқ

ከብሒ ክዳን
кийим шкафи

ክዳን

КИЙИМ

ካልስታት
пайпоқ

ነዊሕ ካልስታት
чулки

ስረ ካልሲ
колготка

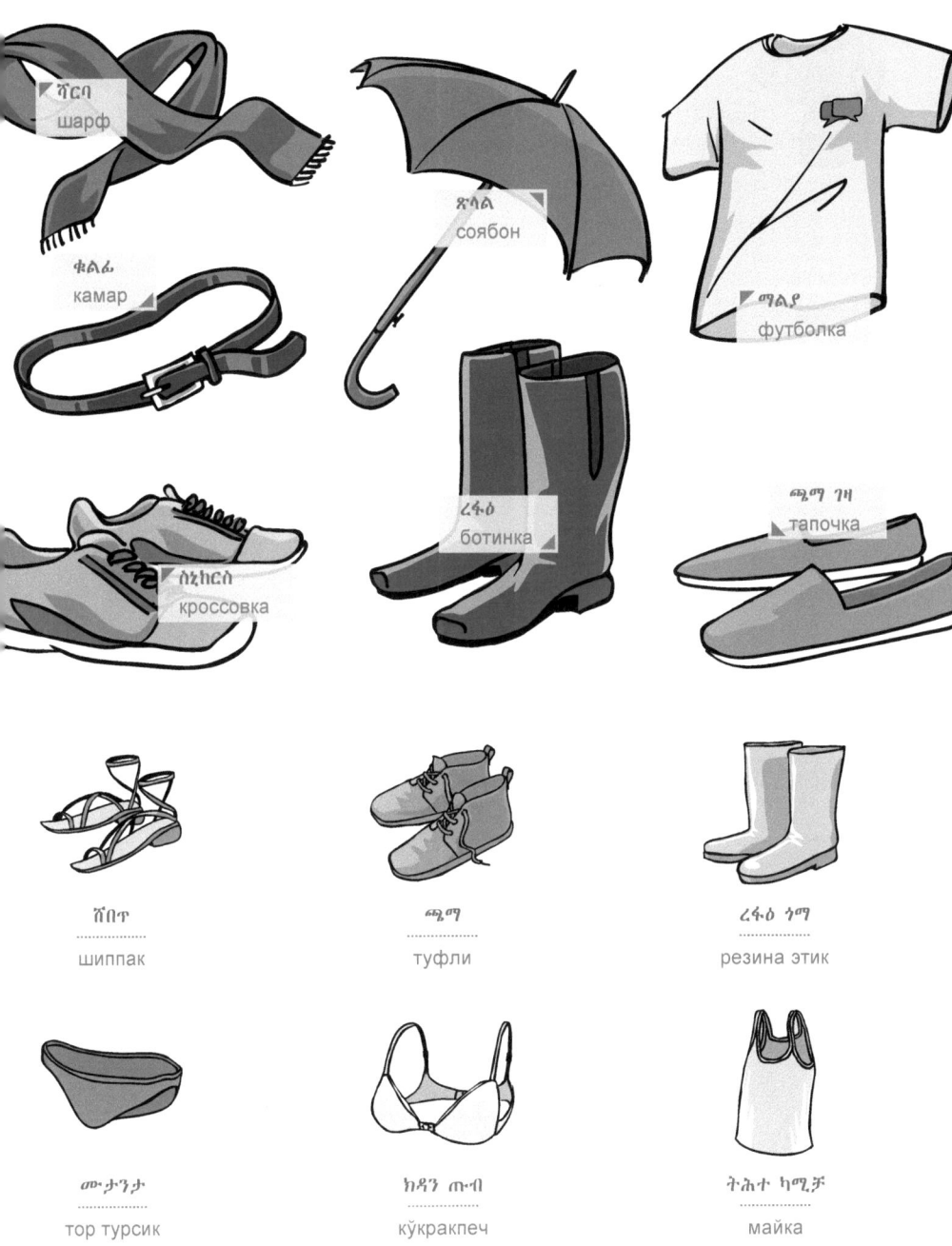

ሻርባ
шарф

ጽላ
соябон

ማልያ
футболка

ቁልፊ
камар

ረፋዕ
ботинка

ጫማ ገዛ
тапочка

ስኒከርስ
кроссовка

ሽበጥ
шиппак

ጫማ
туфли

ረፋዕ ጎማ
резина этик

ሙታንታ
тор турсик

ክዳን ጡብ
кўкракпеч

ትሕተ ካሚቻ
майка

ቦዲ

боди

ስረ

иштон

ጂንስ

жинси

ቀምሽ

юбка

ካምቻ

кофта

ካሚቻ

кўйлак

ጉልፍ

жемпер

ጎልፍ

узун чакмон

ጃኬት

спорт бичимидаги пиджак

ጃከት

куртка

ጁባ

пальто

ከዳን ዝናብ

плаш

ኮስቱም

либос

ቀምሽ

кўйлак

ቀምሽ መርዓ

келин кўйлак

ልብሲ.
....
костюм шим

ካሚቻ ለይቲ
....
тунги кўйлак

ክዳን ለይቲ
....
пижама

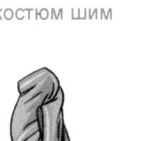

ሳሪ
....
сари

መሃረብ ርእሲ.
....
шолрўмол

ቱርባን
....
салла

ቡርካ
....
паранжи

ካፍታን
....
чакмон

አባያ
....
абая

ክዳን መሕምበሲ.
....
чўмилиш костюми

ስሪ መሕምበሲ.
....
турсик

ሓጺር ስሪ
....
шортик

ክዳን ታዕሊም
....
спорт костюми

በጃ ክዳን
....
фартук

ጓንቲ
....
қўлқоп

መልጎም

тугма

መነጽር

кўзойнак

በንናጅር

билагузук

ማዕተብ

мунчоқ

ቀለበት

узук

ኩትሻ

сирға

ቆብዕ

кепка

መንበሪ ጃባ

пальто илгак

ባርኔጣ

шляпа

ካራቫት

бўйинбоғ

ሻርነጣ

замок

ሀልመት

дубулға

መድልደል ስሪ

шим тортгич

ድቢዛ ቤትትምህርቲ

мактаб формаси

ድቢዛ

форма

ሰደርያ ቆልዓ

ошхӯрак

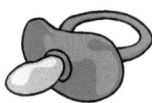

ዓባስ

сӯрғич

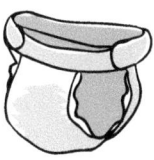

ጨርቂ ማማይ

таглик

ቤት ጽሕፈት

идора

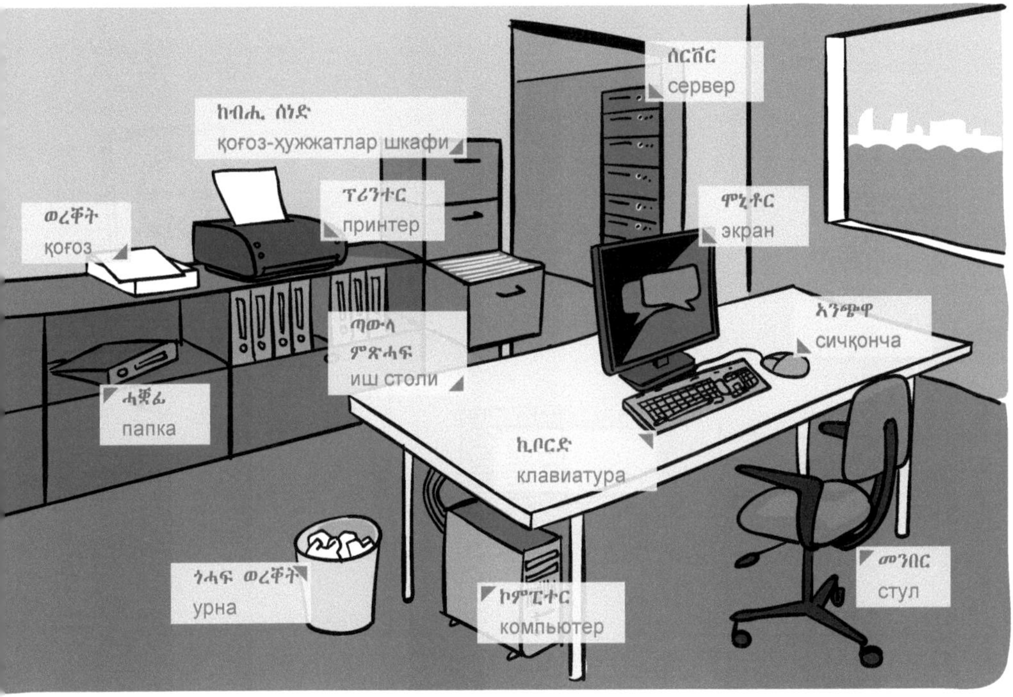

ከብሒ ሰነድ
қоғоз-хужжатлар шкафи

ሰርቨር
сервер

ወረቐት
қоғоз

ፕሪንተር
принтер

ሞኒተር
экран

ጣውላ ምጽሓፍ
иш столи

አንጭዋ
сичқонча

ሓጀሬ
папка

ኪቦርድ
клавиатура

ጎሓፍ ወረቐት
урна

ኮምፒተር
компьютер

መንበር
стул

ብርጭቆ ቡን

кофе кружкаси

ካልኩለተር

калькулятор

ኢንተርነት

интернет

ለፕቶፕ	ደብዳበ	መልእኽቲ
ноутбук	хат	мактуб

ሞባይል	ነትወርክ/መርበብ	መቅድሒ ፎቶኮፒ
уяли телефон	тармоқ	нусха кӯчиргич

ሶፍትዌር	ተለፎን	ሶከት ኣረንቲ
дастур	телефон	розетка
	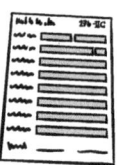	
ፋክስ	ፎርም	ሰነድ
факс	шакллар	ҳужжат

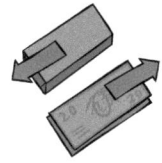

ገዛእ

харид қилмоқ

ከፈለ

тўламоқ

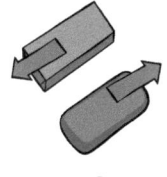

ንግዴ

савдолашмоқ

ገንዘብ

пул

ዶላር

доллар

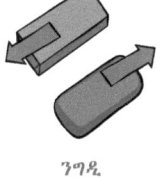

አዩሮ

евро

የን

йен

ሩብል

рубль

ስዊዝ ፍራንከን

швейцар франки

ረንሚንቢ የዋን

Кэньминьби хитой юани

ሩፒየ

рупи

መውጺኢ ማሺን ገንዘብ

банкомат

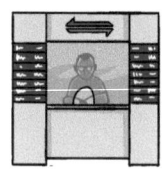

በታ ቅያር ገንዘብ

пул айирбошлаш
шаҳобчаси

ወርቂ

олтин

ብሩር

кумуш

ዘይቲ

нефт

ሓይሊ

энергия

ዋጋ

нарх

ውዕል

шартнома

ቀረጽ

солиқ

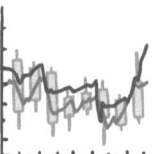

እኩብ ጥረ-ነገራት

акция

ሰርሓ

ишламоқ

ሰራሕተኛ

ишчи

አስራሒ

иш берувчи

ትካል

завод

ዱኳን

дўкон

ሞያታት
касблар

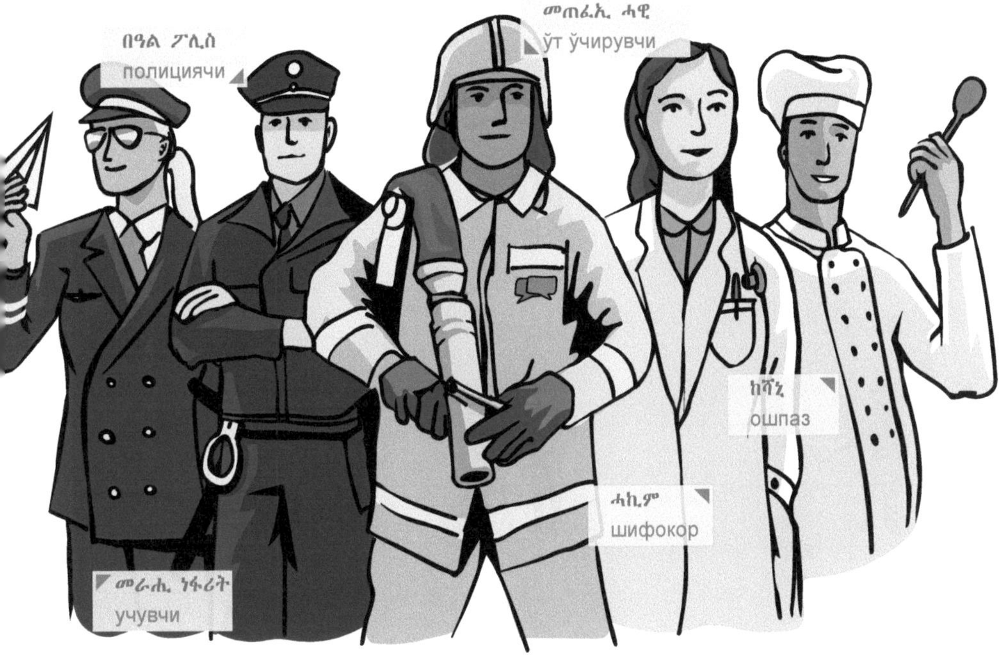
በዓል ፖሊስ
полициячи
መጠፈኢ ሓዊ
ўт ўчирувчи
ከሻኒ
ошпаз
ሓኪም
шифокор
መራሒ ነፋሪት
учувчи

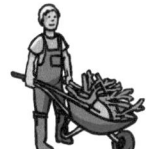

ሰራሕተኛ ጀርዲን
боғбон

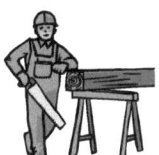

ጸራቢ ዕንጸይቲ
дурадгор

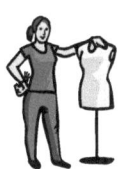

ሰፋይት
тикувчи

ፈራዳይ
ҳакам

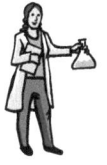

ቀማሚ
кимёгар

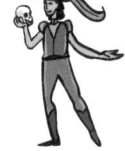

ተዋሳኢ
актёр

መራሒ አዉቶቡስ

автобус ҳайдовчиси

አዉቲስታ ታክሲ

такси ҳайдовчи

ገፋፊ ዓሳ

баликчи

ጸራጊት

фаррош

ሃናጺይ ናሕሲ

том устаси

አሳላፊ

официант

ሃዳናይ

овчи

ሰኣላይ

бўёкчи

እንዳ ሕብስቲ

нонвой

ኤለትሪከኛ

электр устаси

ሃናጺ አባይቲ

қурувчи

ሃንዳሲ

муҳандис

ሰራሕተኛ እንዳ ስጋ

қассоб

ድራብሊኮ

сувчи чилангар

አማላሊ ፖስታ

почтачи

ወተሃደር
аскар

መሃንድስ
меъмор

ተሓዝ ገንዘብ
ғазначи

ሰራሕተኛ ዕምባባ
гулчи

ቀም ቃማይ
сарторош

ፈተሪኖ
чиптачи

መካኒክ
механик

መራሒ መርከብ
капитан

ሓኪም ስኒ
тиш шифокори

ተመራማሪ
олим

ራቢ
яхудийлар руҳонийси

ኢማም
имом

ፈላሲ
роҳиб

ቀሺ
руҳоний

ናውቲ

асбоблар

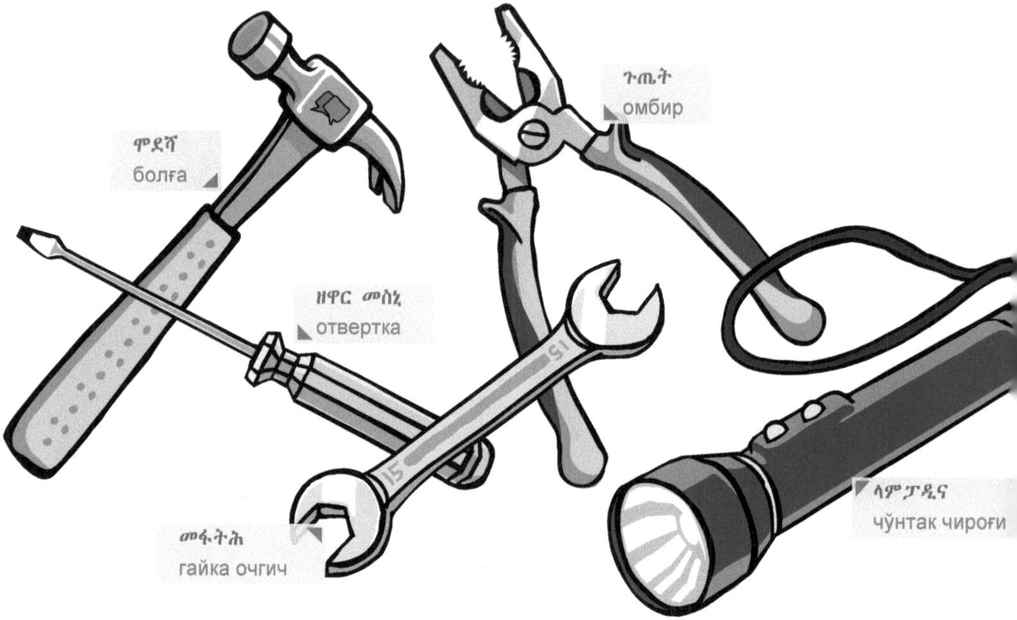
ሞደሻ
болға
ጉጤት
омбир
ዘዋር መስኒ
отвертка
መፋትሕ
гайка очгич
ላምፓዲና
чўнтак чироғи

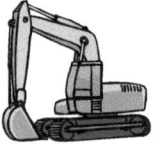

ፈሓሪ

экскаватор

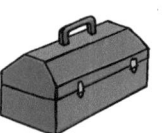

ናውቲ ቦክስ

асбоблар қутиси

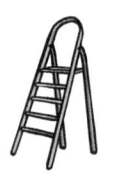

መደያይቦ

нарвон

መጋዝ

қўларра

መስማር

мих

ኰዓቲ

пармадаста

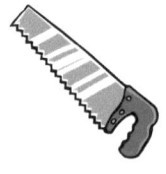

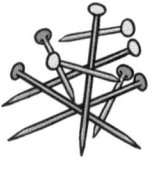

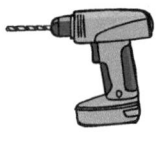

ምዕራይ

тузатмоқ

ባደላ

белкурак

ኣይ!

Жин урсин!

መትሓዚ ዶሮና

хокандоз

ድስቲ ቀለም

бўёқ идиш

ካቻቢተ

бурама мих

መሳርሒ ሙዚቃ
мусиқа асбоблари

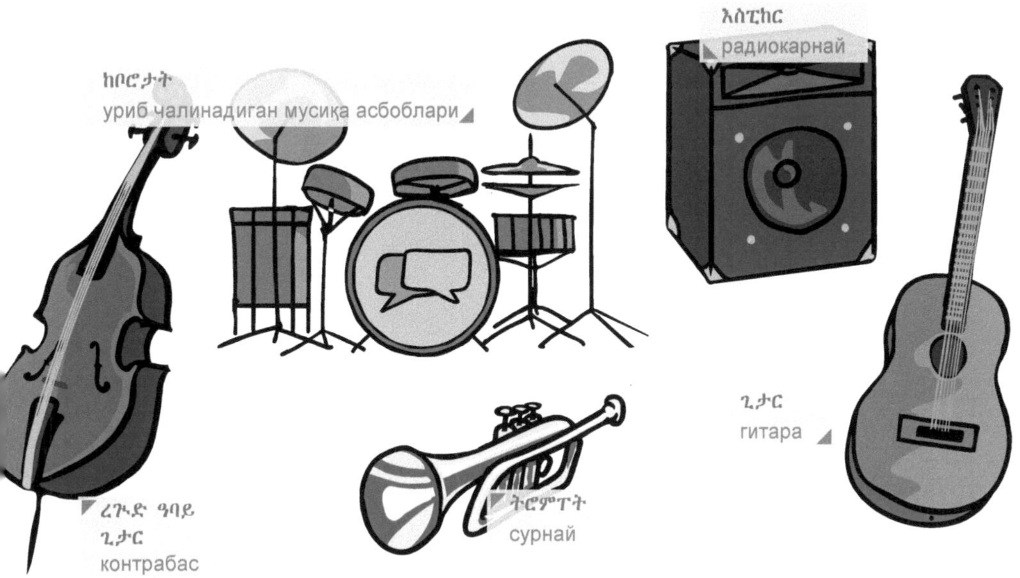

እስፒከር
радиокарнай

ከበሮታት
уриб чалинадиган мусиқа асбоблари

ጊታር
гитара

ረጒድ ዓባይ
ጊታር
контрабас

ትሮምፐት
сурнай

ፒያኖ
....
пианино

ቫዮሊን
....
ғижжак

ባስ ጊታር
....
бас-гитара

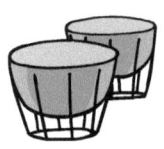

ቲምፓኒ
....
қўшноғора

ከቦሮ
....
дўмбира

ኦርጋን
....
клавиатура

ሳክሶፎን
....
саксофон

ሻምብቆ
....
най

ሚክሮፎን
....
микрофон

መእተዊ кириш

ስብ арслон

ጎብያ қафас

አድጊ በረኻ зебра

መግቢ. እንስሳ ем

ፓንዳ панда

እንስሳታት
ҳайвонлар

ሓርማዝ
фил

ካንጋሩ
кенгуру

ሓሪሽ
каркидон

ጎሪላ
горилла

ድቢ
айиқ

ገመል
туя

ሰገን
туяқуш

አንበሳ
шер

ህበይ
маймун

ፍላሚንጎ
фламинго

ሕንጻይ
тӯти

ድቢ በረድ
оқ айиқ

ፐንጉን
пингвин

ከልቢ ዓሳ
акула

ጣውስ
товус

ተመን
илон

ሓርጎጽ
тимсоҳ

ሓላዊ ቤት ገርድሽ
ҳайвонот боғи қоровули

ዓሳ ዚምገብ እንስሳ ባሕሪ
тюлень

ጃጓር
ягуар

ሓጹር ፈረስ
....
тӱпичоқ от

ነብሪ
....
қоплон

ጉማሪ
....
бегемот

ጃራፍ
....
жирафа

ሊላ
....
бургут

መፍለስ
....
эркак чӱчқа

ዓሳ
....
балиқ

ጎብየ
....
тошбақа

ዋልሩስ
....
морж

ወኸርያ
....
тулки

ሰስሓ
....
оху

ናይ አሜሪካ ኩዕሶ እግሪ
америка футболи

ምዝዋር ብሽግለታ
велосипед ҳайдаш

ተኒስ
теннис

ባስኬትባል
баскетбол

ምሕምባስ
сузиш

ቦክሲንግ
бокс

ሆኪ በረድ
муз хоккейи

ኩዕሶ እግሪ
футбол

ባድሚንቶን
бадминтон

እስፖርታዊ ንጥፈታት
енгил атлетика

ኩዕሶ ኢድ
қўлтўпи

ስኪ
чанғи учиш

ፖሎ
поло

ሰሓቐ
кулмоқ

ነጠረ
сакрамоқ

ሓቖፈ
қучмоқ

ከደ
юрмоқ

ደረፈ
куйламоқ

ሓለመ
хаёл қилмоқ

ጸለየ
ибодат қилмоқ

ሰዓመ
ўпмоқ

ጸሓፈ
....
ёзмоқ

ሰአለ
....
чизмоқ

ኣርኣየ
....
кўрсатмоқ

ደፍአ
....
итармоқ

ሃበ
....
бермоқ

ወሰደ
....
олмоқ

አለወ
....
эга бӯлмоқ

ገበረ
....
бажармоқ

ኮነ
....
бӯлмоқ

ጠጠው በለ
....
турмоқ

ጎየየ
....
югурмоқ

ሰሓበ
....
тортмоқ

ሰንደወ
....
улоқтирмоқ

ወደቐ
....
йиқилмоқ

ሓለወ
....
алдамоқ

ተጸበየ
....
кутмоқ

ሰከም
....
ташимоқ

ኮፍ በለ
....
ӯтирмоқ

ተኸድነ
....
кийинмоқ

ደቀሰ
....
ухламоқ

ተስአ
....
уйғонмоқ

ንጥፈታት - машғулот

ሬአየ

қарамоқ

በኸየ

йиғламоқ

ብአጸብሩ ደረዘ

зарба бермоқ

መሸጠ

тарамоқ

ተዛረበ

гаплашмоқ

ተረድአ

тушунмоқ

ሓተተ

сўрамоқ

ሰምዐ

тингламоқ

ሰተየ

ичмоқ

በልዐ

емоқ

አቐመጠ

йиғиштирмоқ

አፍቀረ

севмоқ

ከሸነ

пиширмоқ

ዘወረ

ҳайдамоқ

ነፈረ

учмоқ

ብመርከብ ገዓሽ

кемада сузмоӄ

ደመረ

хисобламоӄ

አንበበ

ӱӄимоӄ

ተመሃረ

ӱрганмоӄ

ሰርሐ

ишламоӄ

መርዓወ

турмуш ӄурмоӄ

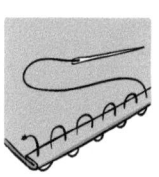

ሰፊየ

тикмоӄ

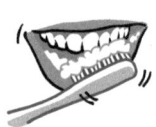

ጽሬት አስናን

тиш ювмоӄ

ቀተለ

ӱлдирмоӄ

ሽጋራ ተከኸ

чекмоӄ

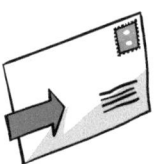

ሰደደ

йӱлламоӄ

ስድራቤት

оила

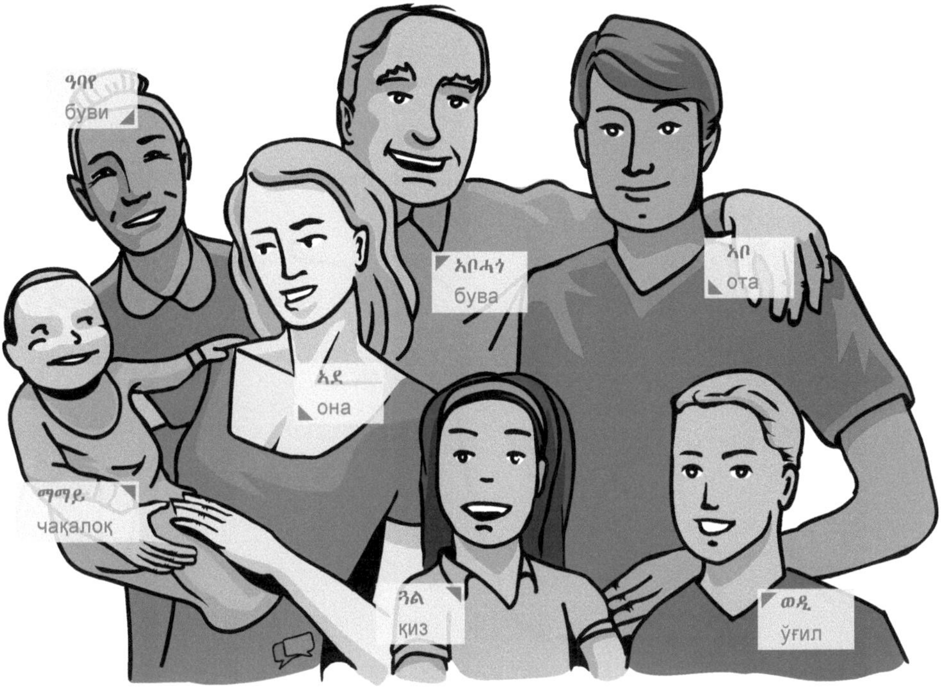
ዓባየ
буви
ኣቦሓጎ
бува
ኣቦ
ота
ኣደ
она
ማማይ
чақалоқ
ጓል
қиз
ወዲ
ўғил

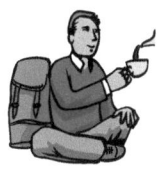

ጋሻ

меҳмон

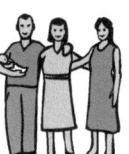

ሓትኖ

амма

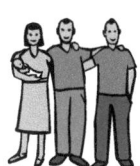

ኣኮ

тоға

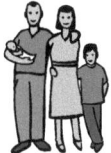

ሓው

ака

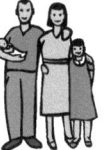

ሓፍቲ

опа

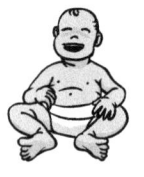

ኣካላት

тана

ማማይ

чақалоқ

ሰብኣይ

одам

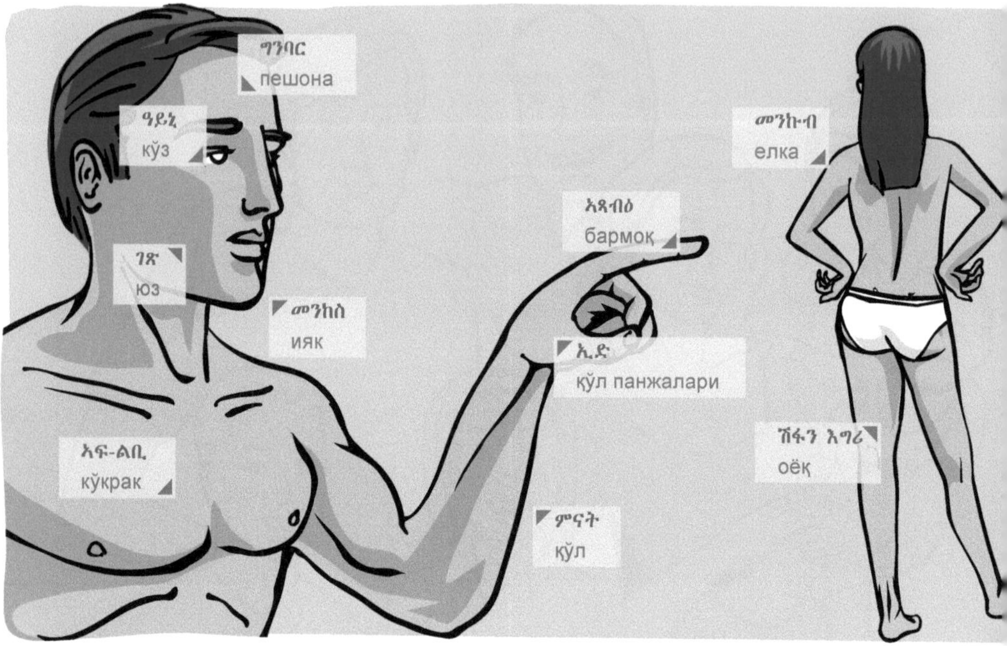

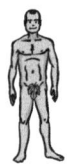

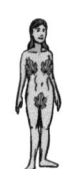

ሰበይቲ

аёл

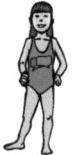

ጓል

қиз бола

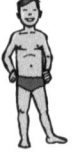

ወዲ

ўғил бола

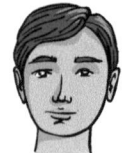

ርእሲ

бош

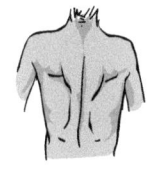

ሕቖ
....
орқа

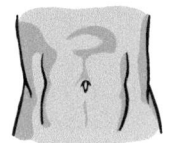

ከስዐ
....
қорин

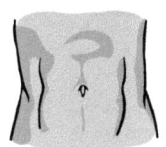

ሕምብርቲ
....
киндик

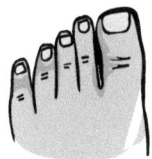

ኣጻብዕ እግሪ
....
оёқ панжаси

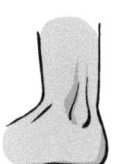

ኩርኹረ
....
товон

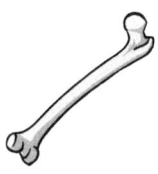

ዓጽሚ
....
суяк

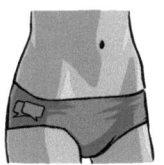

ምሕኮልቲ
....
бел

ብርኪ
....
тизза

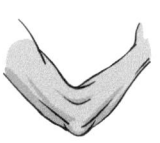

ፍግፍጎ
....
тирсак

ኣፍንጫ
....
бурун

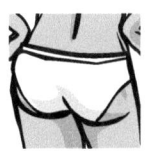

መዓኮር
....
думба

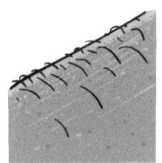

ቆርበት
....
тери

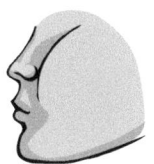

ምዕጉርቲ
....
яноқ

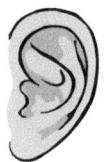

እዝኒ
....
қулоқ

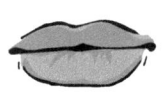

ከንፈር
....
лаб

አፍ

оғиз

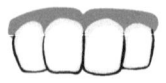

ስኒ

тиш

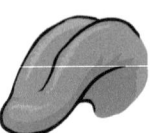

መልሓስ

тил

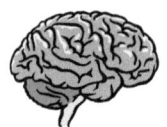

ሓንጎል

мия

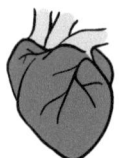

ልቢ

юрак

ጭዋዳ

мушак

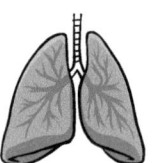

ሳንቡእ

ўпка

ጸላም ከብዲ

жигар

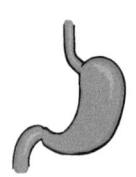

ከብዲ

ошқозон

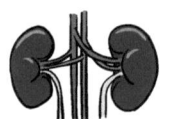

ኵሊት

буйрак

ግብረ ስጋ

жинсий алоқа

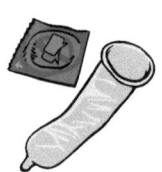

ኮንዶም

презерватив

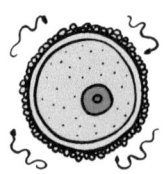

እንቋቍሓ

тухум ҳўжайра

ዘርኢ ተባዕታይ

уруғ

ጥንሲ

ҳомиладорлик

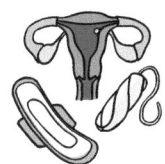

ጽግያት
....
χайз

ርሕሚ
....
бачадон

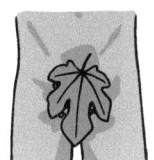

መትሎ
....
олат

ሽፉሽፍቲ
....
қош

ጸጉሪ
....
соч

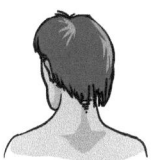

ክሳድ
....
бўйин

ሆስፒታል

шифохона

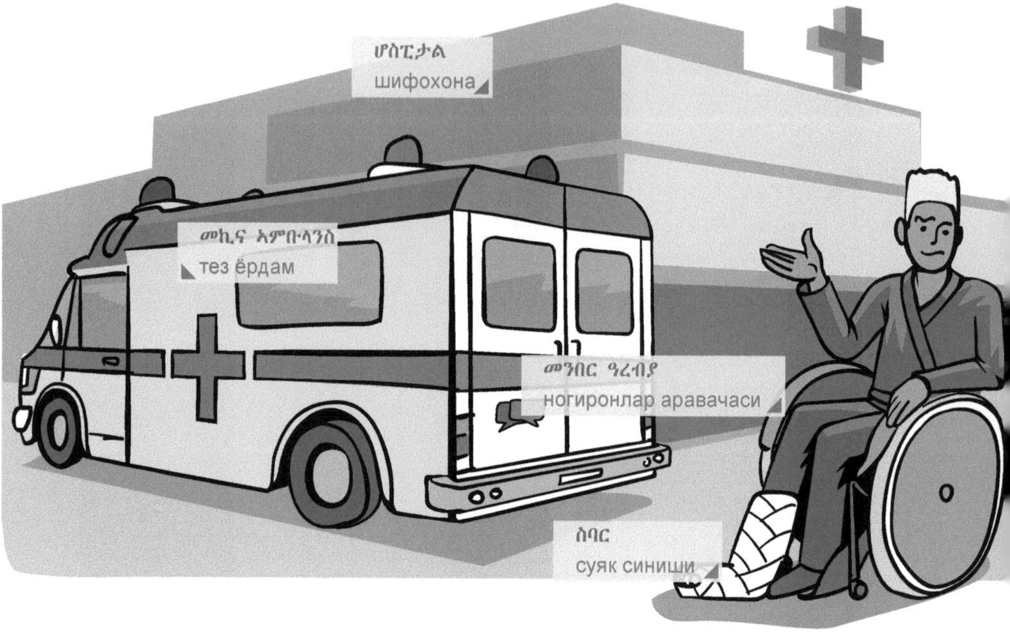

ሆስፒታል
шифохона
መኪና ኣምቡላንስ
тез ёрдам
መንበር ዓረብያ
ногиронлар аравачаси
ስባር
суяк синиши

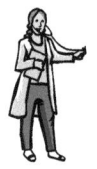

ሓኪም

шифокор

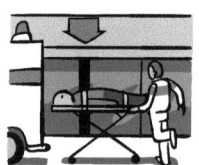

ክፍሊ ህጹጽ ረድኤት

Шошилинч тиббий ёрдам кўрсатиш бўлими

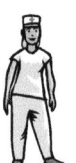

ኣላይት

ҳамшира

ህጹጽ ኩነት

тез ёрдам

ውንኡ ዘጥፍአ

ҳушсизлик

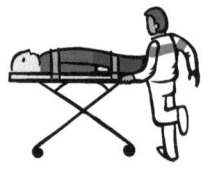

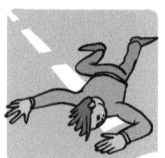

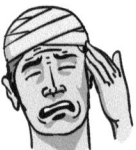

ቃንዛ

оғриқ

ጉድኣት

жароҳат

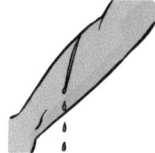

ደም

қонаш

ማህረምቲ

юрак хуружи

ማህረምቲ

инсульт

ኣለርጂ

аллергия

ሰዓል

йўтал

ረስኒ

иситма

ኡንፍልወንዛ

тумов

ውጽኣት

ич кетиш

ቃንዛ ርእሲ

бош оғриғи

መንሽሮ

саратон касали

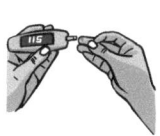

ሹኮርያ

қандли диабет

ሓኪም መጥባሕቲ

жарроҳ

መጥብሒ

жарроҳ пичоғи

መጥባሕቲ

жарроҳлик амалиёти

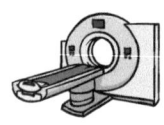

CT

томография

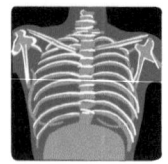

ራጂ

рентген

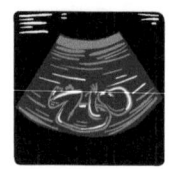

ልዕለ ድምጸዊ

ултратовуш текшируви

መሸፈኒ ገጽ

юз ниқоби

ሕማም

касаллик

ክፍሊ ምጽባይ

қабулхона

ምርኩስ

кўлтиқтаёқ

መጀነኒ ቆስሊ

малҳамли пластир

መጀነኒ

бинт

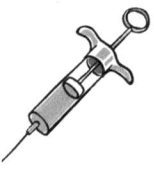

መርፍዕ ምውጋእ

укол

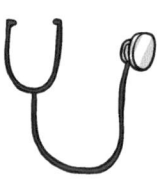

ስተቶስኮፕ

юрак урушини ва ўпкани
эшитиб кўрадиган асбоб

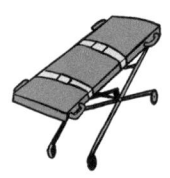

መስከሚ ሕማም

беморлар учун замбил

ቴርሞመተር

термометр

ትውልዲ

туғруқ

ልዕለ-ሚዛን

семизлик

74

ሆስፒታል - шифохона

ሓገዝ ምስማዕ
....
эшитиш мосламаси

ኣንጻሂ
....
дезинфекцияловчи восита

ልበዳ
....
инфекция

ቫይረስ
....
вирус

ኤድስ
....
ОИВ / ОИТС

ሕክምና
....
дори

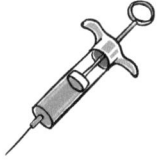

ክታበ
....
эмлаш

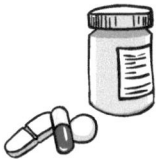

ክኒና
....
таблетка

ክኒና
....
дори

ህጹጽ ምድዋል
....
тез ёрдам қўнғироғи

መዕቀኒ ጸቕጢ ደም
....
қон босимини ўлчаш
асбоби

ሕሙም / ጥዑይ
....
касал / соғлом

ሓገዝ

Ёрдам беринглар!

ኣላርም

хавф-хатар ишораси

ምህጃም

тажовуз

መጥቃዕቲ

ҳужум

ድንገት

хавф

ህጹጹ መውጽኢ

фавқулодда ҳолатларда чиқиш эшиги

ሓዊ!

Ёнғин!

መጥፍኢ ሓዊ

ўт ўчиргич

ሓደጋ

фалокат

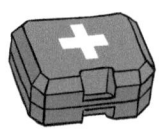

ሳንጣ ቀዳማይ ረድኤት

биринчи тиббий ёрдам тўплами

SOS

фалокат сигнали

ፖሊስ

полиция

ኤውሮጳ

Европа

ሰሜን አመሪካ

Шимолий Америка

ደቡብ አመሪካ

Жанубий Америка

አፍሪቃ

Африка

ኤስያ

Осиё

አውስትራልያ

Австралия

አትላንቲክ

Атлантик океани

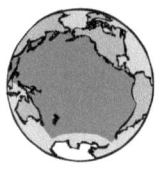

ፓሲፊክ

Тинч океани

ህንዳዊ ዉቕያኖስ

Ҳинд океани

አንታርቲካዊ ዉቕያኖስ

Антарктида океани

አርክቲካዊ ዉቕያኖስ

Арктика океани

ሰሜናዊ ዋልታ

Шимолий қутб

ደቡባዊ ዋልታ
....
Жанубий қутб

አንታርቲካ
....
Антарктика

ምድሪ
....
Ер

መሬት
....
ўлка

ባሕሪ
....
денгиз

ደሴት
....
орол

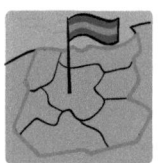

ሃገር
....
миллат

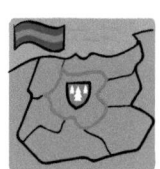

ዓዲ
....
давлат

ገጽ ሰዓት
....
астрономик вақт
кўрсатгичи

አመልካቲ ሰዓታት
....
соат мили

አመልካቲ ደቒይቕ
....
дақиқа мили

አመልካቲ ካልኢት
....
сония мили

ሰዓት ክንደይ ኣሎ?
....
Соат неча?

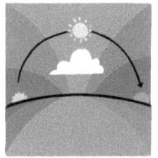

መዓልቲ
....
кун

ግዜ
....
вақт

ሕጂ
....
ҳозир

ዲጊታል ሰዓት
....
рақамли соат

ደቒቕ
....
дақиқа

ሰዓት
....
соат

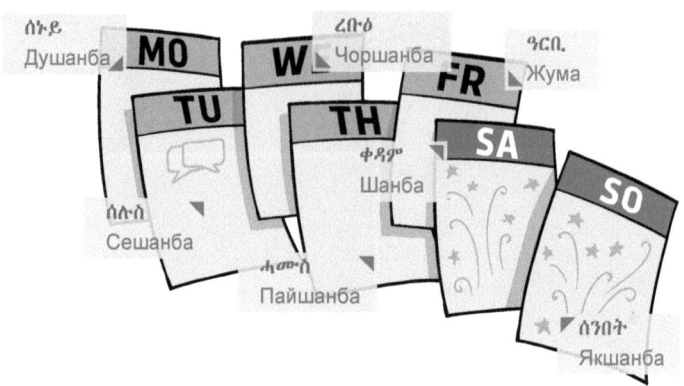

ሰኑይ Душанба
MO
W Чоршанба ረቡዕ
ዓርቢ Жума
TU
TH
FR
ቀዳም Шанба
SA
ሰሉስ Сешанба
ሐሙስ Пайшанба
SO
ለንበት Якшанба

ትማሊ.
....
кеча

ሎሚ
....
бугун

ጽባሕ
....
эртага

ንጎሆ
....
эрталаб

ቀትሪ
....
пешин

ምሽት
....
кечқурун

MO	TU	WE	TH	FR	SA	SU
1	2	3	4	5	6	7
8	9	10	11	12	13	14
15	16	17	18	19	20	21
22	23	24	25	26	27	28
29	30	31	1	2	3	4

መዓልታት ስራሕ
....
иш кунлари

MO	TU	WE	TH	FR	SA	SU
1	2	3	4	5	6	7
8	9	10	11	12	13	14
15	16	17	18	19	20	21
22	23	24	25	26	27	28
29	30	31	1	2	3	4

መወዳእታ ሰሙን
....
дам олиш кунлари

ዓመት

йил

ዝናብ
ёмғир
ቀስተ-ደመና
камалак
በረድ
қор
ንፋስ
шамол генератори
ጽድያ
баҳор
ሓጋይ
ёз
ቀውዒ
куз
ክረምቲ
қиш

4.APRIL 11°
5.APRIL 4°
6.APRIL 13°
7.APRIL 8°
8.APRIL 10°

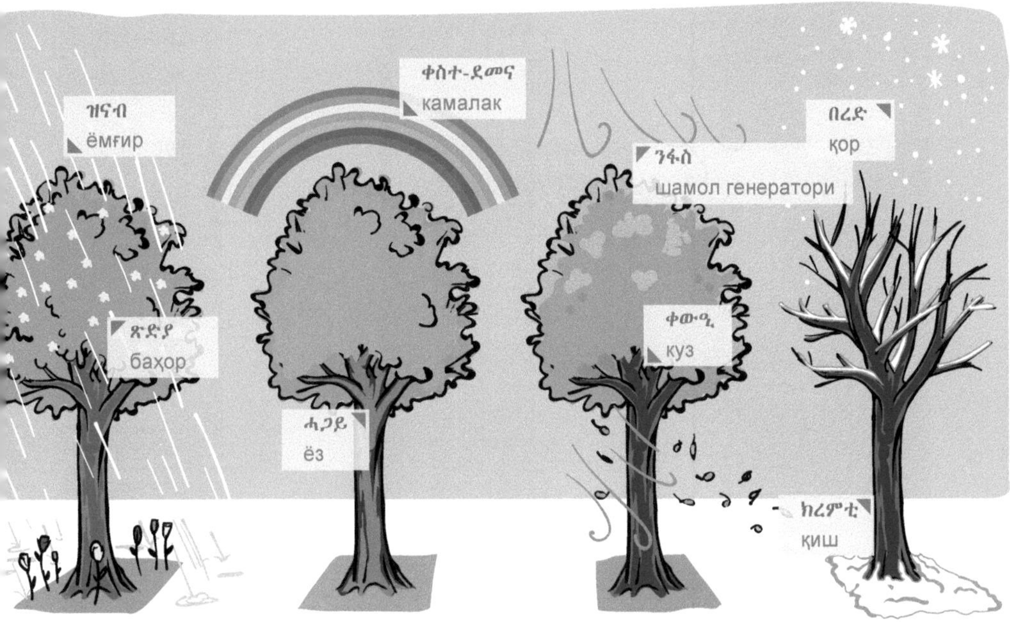

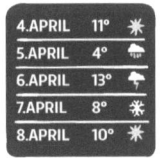

ትንቢት ኩነታት ኣየር

об-ҳаво маълумоти

F
C
120
90
60
30
0
-30
40
30
20
10
0
-10
-20

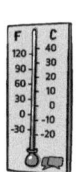

ቴርሞመተር

термометр

ብርሃን ጸሓይ

қуёшли

ደበና

булут

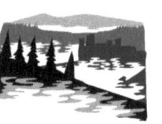

ግመ

туман

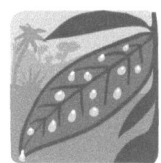

ጠሊ

намгарчилик

ብርቂ

чақмоқ

ነጕዳ

момоқалдироқ

ህቦብላ

бӯрон

በረድ

дӯл

ብርቶዕ ህቦብላ

намгарчилик мавсуми

ውሕጅ

тошқин

በረድ

муз

ጥሪ

Январь

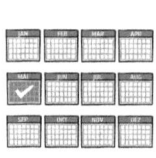

ለካቲት

Февраль

መጋቢት

Март

ሚያዝያ

Апрель

ጕንቦት

Май

ሰነ

Июнь

ሓምለ

Июль

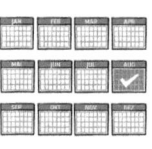

ነሓሰ

Август

መስከረም
....
Сентябрь

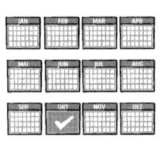

ጥቅምቲ
....
Октябрь

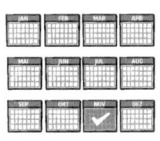

ሕዳር
....
Ноябрь

ታሕሳስ
....
Декабрь

ቅርጻታት

шакллар

ዙርያ
....
айлана

ትርብዒት
....
квадрат

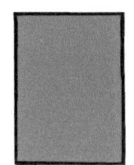

ቅኑዕ ርቡዕ ኵርናዕ
....
тӱртбурчак

ስሉስ ኵርናዕ
....
учбурчак

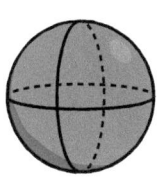

ክቢ
....
доира

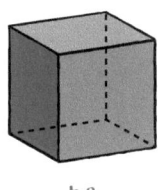

ኩቦ
....
куб

ጸዕዳ

оқ

ብጫ

сариқ

አራንሺ

сабзи ранг

ፒንክ

пушти

ቀይሕ

қизил

ጁኽ

тўқ қизил

ሰማያዊ

кўк

ቀጠልያ

яшил

ቡናዊ

жигар ранг

ሓሙኹሽታይ

кул ранг

ጸሊም

қора

қарама-қарши маъноли сўзлар

ብዙሕ / ውሑድ

кўп / оз

ሕሩቕ / ሰላማዊ

ғазабли / хотиржам

ጽቡቕ / ክፉእ

гўзал / хунук

መጀመርያ / መወዳእታ

боши / охири

ዓቢ / ንእሽቶ

катта / кичик

ብሩህ / ጸልማት

ёруғ / қоронғу

ሓው / ሓፍት

ака / сингил

ጽሩይ / ርሳሕ

тоза / ифлос

ምሉእ / ዘይምሉእ

тўлиқ / чала

መዓልቲ / ለይቲ

кун / тун

ሙዊት / ህልው

ўлик / тирик

ሰፊሕ / ጸቢብ

кенг / тор

ደስ ዘበል / ደስ ዘይብል

еса бўладиган / еса бўлмайдиган

እኩይ / ህያዋይ

ёвуз / хайрли

ርቡጽ / ስልኩይ

ҳаяжонли / зерикарли

ረጊድ / ቀጢን

семиз / озғин

ቀዳማይ / ናይ መወዳእታ

биринчи / охирги

ዓርኪ / ጸላኢ

дўст / душман

ምሉእ / ባዶ

тўла / бўш

ተሪር / ልስሉስ

қаттиқ / юмшоқ

ከቢድ / ፈኩስ

оғир / енгил

ጥምየት / ጽምየት

очлик / чанқов

ሕሙም / ጥዑይ

касал / соғлом

ዘይሕጋዊ / ሕጋዊ

ноқонуний / қонуний

መስተውዓሊ / ስዲ

зиёли / калтафаҳм

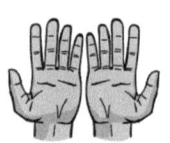

ጸጋም / የማን

чап / ўнг

ቐረባ / ርሑቕ

яқин / узоқ

86   አንጻራት - қарама-қарши маъноли сўзлар

ሓዲሽ / ብሉይ

янги / ишлатилган

ዋላ ሓደ / ገለ

ҳеч нарса / бир нарса

ዓቢ/ኣረጊት / መንእሰይ

қари / ёш

ወልዕ / ኣጥፍእ

ёниқ / ўчиқ

ክፉት / ዕጹው

очиқ / ёпиқ

ህዱእ / ዓው

паст / баланд

ሃብታም / ድኻ

бой / камбағал

ቅኑዕ / ግጉይ

тўғри / нотўғри

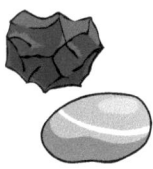

ሓርፋፍ / ልሙጽ

нотекис / текис

ጉሁይ / ሕጉስ

хафа / хурсанд

ሓጺር / ነዊሕ

қисқа / узун

ቀስ / ቅልጡፍ

секин / тез

ጥሉል / ንቑጽ

нам / қуруқ

ምዉቕ / ዝሑል

илиқ / салқин

ውግእ / ሰላም

уруш / тинчлик

рақамлар

0	**1**	**2**
ዜሮ	ሓደ	ክልተ
ноль	бир	икки
3	**4**	**5**
ሰለስተ	ኣርባዕተ	ሓሙሽተ
уч	тӳрт	беш
6	**7**	**8**
ሽዱሽተ	ሸውዓተ	ሸሞንተ
олти	етти	саккиз
9	**10**	**11**
ትሽዓተ	ዓሰርተ	ዓሰርተ ሓደ
тӳққиз	ӳн	ӳн бир

12
ዓሰርተ ክልተ
ÿн икки

13
ዓሰርተ ሰለስተ
ÿн уч

14
ዓሰርተ አርባዕተ
ÿн тÿрт

15
ዓሰርተ ሓሙሽተ
ÿн беш

16
ዓሰርተ ሽዱሽተ
ÿн олти

17
ዓሰርተ ሽውዓተ
ÿн етти

18
ዓሰርተ ሽሞንተ
ÿн саккиз

19
ዓሰርተ ትሽዓተ
ÿн тÿққиз

20
ዕስራ
йигирма

100
ሚእቲ
юз

1.000
ሽሕ
минг

1.000.000
ሚልዮን
миллион

እንግሊዝኛ

Инглиз

አሜሪካዊ እንግሊዛዊ

Америкача инглиз тили

ቻይናዊ ማንዳሪን

Хитой тилининг Мандарин лаҳчаси

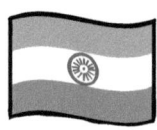

ሂንዳዊ

Ҳинд

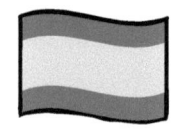

እስጳኛዊ

Испан

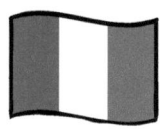

ፈረንሳዊ

Француз

ዓረባዊ

Араб

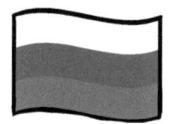

ሩሲያዊ

Рус

ፖርቱጋላዊ

Португал

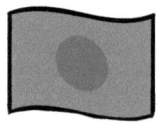

በንጋሊ

Бенгал

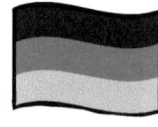

ጀርመናዊ

Немис

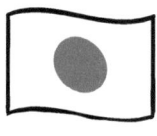

ጃፓናዊ

Япон

አነ

Мен

ንስኻ/ኺ.

Сен

♂ ♀ ○

ንሱ / ንሳ / ንሱ

у / у / у

ንሕና

биз

ንስኻ

сизлар

ንሳቶም

улар

መን?

ким?

እንታይ?

нима?

ከመይ?

қандай?

አበይ?

қаерда?

መዓስ?

қачон?

ሽም

исм

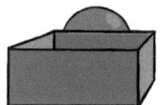

ድሕሪ
....
орқада

አብ
....
ичида

አብ ቅድሚ
....
олдида

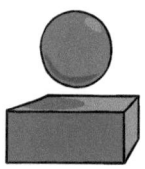

አብ ላዕሊ
....
узра

አብ ልዕሊ
....
устида

ትሕቲ ምድሪ
....
тагида

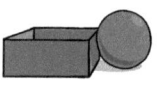

አብ ጥቓ
....
ёнида

አብ መንጎ
....
ўртасида

በታ
....
жой